# 영혼의 폭포수

잔 느 귀 용 지음
유 평 애 옮김

기독교문서선교회

# SPIRITUAL TORRENTS

*Written by*
Jeanne Guyon

*Translated by*
Pyung-Ae Yu

Korean Edition
Copyright © 2003 by Christian Literature Center,
Seoul, Korea.

## 추천의 말

이 책을 이해하는 열쇠는 이 글이 잔느 귀용 부인의 영적인 전기임을 주목하는 데 있다. 이 책에 나오는 폭포수가 바로 귀용 부인 자신이고, 이 책은 그리스도에게로 가는 부인의 인생여정을 그린 이야기라 할 수 있다. 이 책은 그리스도 안에서 성숙해지는 데 필요한 것들을 말해주고 있지는 않다. 만일 이 글을 당신의 삶에 적용시키려 한다면 그것은 재난을 자초하는 결과를 낳을 것이다. 귀용 부인은 다른 시대에 살았고, 다만 영적 단계마다 기록할 필요가 있다고 느꼈기 때문에 부인은 이 글을 썼을 것이다. 더구나 귀용 부인은 매우 주관적이고, 심지어 어떤 때는 침울한 심정일 때도 있다. 귀용 부인이 『영혼의 폭포수』에서 언급한 것들은 실제 신약성경 안에서 찾을 수 있는 내용도 아니다…. 이것은 단순히 한 여인의 이야기이며 자기의 인생에서 하나님이 자기를 다루신 손길에 대한 증언일 뿐이다. 하지만 바로 그 점 때문에 이 책은 강력한 힘을 발휘한다. 그리스도인의 길과 관련된 십자가를 주제로 하여 쓰여진 책은 참으로 드물다. 이 책이 그 드문 글 중의 하나이다. 그리고 이 책은 신앙인의 인생에 있어서 십자가의 길에 대한 근본적인, 심지어는 극단적이라고도 할 만한 그런 글이다.

귀용 부인은 이 책 때문에 개인적으로 상당한 어려움을 겪었다. 그 사정을 여기 삽입하는 것이 최선이라고 생각된다.

귀용 부인은 자기의 전기를 썼는데 30대부터 이야기가 전개된다. 부인의 첫 번째 출판된 책, 『짧고 쉽게 기도하는 법』(Method of Prayer)은 현재 『예수 그리스도에 대한 깊이 있는 체험』(Experiencing the Depths of Jesus Christ)이란 제목으로 출간되었는데 참으로 기념비적인 작품이다. 귀용 부인이 맨 처음 투옥된(실제로는 성 안토니오 수도원이라 불리는 파리 교구의 한 수녀원에서 유폐된 생활을 했다) 데는 몇 가지의 이유가 있다. 귀용 부인의 재산과 소유를 빼앗으려는 의붓오빠의 계략과 그때까지 부인이 썼던 세 권의 책들 등의 이유 때문이다.

귀용 부인은 루이 14세 왕정 안에 있던 친구들의 탄원으로 인하여 석방되었다. 그 후, 부인은 위대한 대중성과 영향력을 발휘하는 시기로 접어든다. 유럽의 전 역사에서 가장 강력한 왕정, 베르사이유 궁정에서 부인이 끼쳤던 영향력은 대단했다. 그러나 귀용 부인은 루이 14세 미움을 샀다. 왕은 프랑스의 가장 유명하고 큰 인물, 교회당국자인 보쉬에 주교에게 귀용 부인을 심문하라고 직접 요청하기에 이른다. 이 '심문'은 일종의 정신적 탄압으로 돌변했다. 프랑스에서 거의 전능한 실세를 누렸던 보쉬에 주교는 자기가 어떤 어리석은 여자를 다루고 있다고 생각했다. 그는 강압적으로 귀용 부인을 다루려고 했다. 그러나 그는 만만치 않은 적수를 만났던 것이다. 그는 분노했다(후에 역사는 보쉬에에게 후하지 않았는데 가장 커다란 이유는 이 여인을 지나치게 다루었기 때문이다). 이 '위험스런' 여인에 대한 보쉬에 주교의 결론은 루이 14세 왕으로 하여금 아무런 공판과 선고절차도 거치지 않고 귀용 부인을 감옥에 보내게 하는 결과를 빚었다.

보쉬에 주교와 다른 두 명의 주교들 앞에서 심문을 당했던 귀용 부인은 프랑스의 이 유명한 거물, 보쉬에 주교에게 자기의 자서전을 제출했다(그는 이미 귀용 부인의 기도하는 방법에 관한 책을 읽었고, 그것에 상당히 반대하는 입장에 서 있었다). 귀용 부인은 그때 다른 세 권의 책도 제출했는데 상태는 더 나빠질 수 없을 정도로 최악이었다. 성경주석 중에서도 아가서에 대한 것을 제출했던 것이다. 귀용 부인은 또, 당시 완성되었으나 아직 출판되지 않은 『영혼의 폭포수』 수사본도 제출했다.

아가서에 대한 귀용 부인의 정열적이고 영적인 해석을 읽는, 지나치게 거만하고 지나치게 경건한 독신의 늙은 남자를 상상해 보라! 보쉬에 주교의 머리카락이 털끝까지 곤두서지 않았겠는가! 무엇보다도 섹스는 그 사람에게 낯선 세계임에 틀림없고, 그것이 비록 아가서에 대한 것이라 하더라도 그 주제는 종교서적 안에서 발디딜 틈도 없었던 것이다.

『영혼의 폭포수』에 대한 보쉬에 주교의 반응은 더욱 나빴다. 이 책에서 귀용 부인은 지성주의와 지식인들에게 반격을 가했는데 그것은 결국 보쉬에 주교 자신을 공격한 격이었다! 더구나 『영혼의 폭포수』에 비춰진 주관주의적인 특성은 당시까지 프랑스가 낳은 최대의 객관주의자(대표적인 외형적 종교인)인 보쉬에 주교의 호감을 얻을 리가 없었던 것이다. 그리고 또 유럽의 다른 나라, 이탈리아에서 발생한 한 사건이 귀용 부인에게 상당한 영향을 미쳤다. 미카엘 몰리노스라 하는 사람이 바로 그 시기에 귀용 부인의 작품과 비슷한 책을 씀으로써 감옥에 갇히는 사건이 벌어졌던 것이다. 몰리노스는 당시 바티칸과 교황, 로마에 상당한 물의를 일으킴으로써 그 영향이 이탈리아 전역을 뒤엎었다. 그러나 이 두 사람의 가르침은 독창적인 것이 아니라, 지나간 시대에 로마 카톨릭 교회의 시성(詩聖)이 된 성인들에 의해서 이미 역설된 것들이었다. 몰리노스나 귀용 부인, 두 사람 다 자기들이 쓰고 가르친 것 때문에 물의가 빚어지리라고는 전혀 예상하지 못했다. 그러나 예상 밖의 일이 벌어졌다. 몰리노스는 지하감옥에 감금되었다. 귀용 부인은 잠시 피신해 있을까 했지만 결국 빈센느성에 유폐되고 끝내 그 악명높은 바스티유 감옥으로 쫓겨난다.

귀용 부인은 고양된 영적 단계에 도달하는 사람은 매우 드물다고 말한다. 그 상태는 매우 극소수의 사람들만이 늙으막히 거의 죽기 직전에나 도달할 수 있다고 보통 알려져 있다. 이 책을 쓸 때 귀용 부인은 40대 후반이었다. 그러므로 부인이 여기서 쓰고 있는 내용은 자기가 직접 겪은 것을 스스로 이론화하고 있는 것이라고 생각된다.

내가 알기로는, 『영혼의 폭포수』는 귀용 부인이 죽기까지는 출판되지 않았다. 한 가지 확실한 것은, 이 책이 출간될 때마다 항상 많은 사람들을 동요시키고 뒤엎고 당황하게 한다는 사실이다.

그렇다면 왜 이 책을 또다시 출간하는가?

이미 언급했듯이, 신앙인의 일상생활 속에 얽힌, 십자가를 주제로 하는 그리스도교적인 작품이 많지 않다. 그리고 오늘날의 교회는 고난의 문제로부터 점점 더 시시각각 멀어져 가고 있다….

대부분의 그리스도인들은 이 책을 읽으면서 낙담하여 손을 놓거나 자기가 읽었던 것을 잊으려고 애쓴다. 만일 모든 그리스도인들이 귀용 부인이 묘사한 단계를 전부 거쳐야만 한다고 믿는다면 더 이상 어쩔 도리가 없다고 생각될지 모른다. 하지만 사실 귀용 부인은 그렇게 말하지 않는다. 이 특수한 책을 이해하려면, 우리는 카톨릭적인 전통을 이해해야만 한다. 귀용 부인은 자기 시대에 책을 쓴 가장 복음적인 로마 카톨릭 교도였을 것이다. 아무튼 귀용 부인은 카톨릭교도였다. 귀용 부인이 여기서 다루었던 주제에 대해서 똑같은 글을 썼던 카톨릭교도가 있는데 그 사람은 좋은 가톨릭교도로 인정받았다. 그리고 그 사람은 오래되고 잘 정돈된 카톨릭의 전통을 따랐던 것이다. 이 전통은 어거스틴과 디오니시우스, 에그지우스 시대에까지 거슬러 올라가 정착된다. 이 두 사람은 그리스도인의 생활을 어떤 '단계별'로 구분하였다. 그 후에 거의 모든 저자들 역시 이 '완전함'에 도달하기 위해서 거쳐야만 한다고 믿었던 단계들을 설정하기 시작하였다. 카톨릭교도들에게 있어 완전함이란 무죄함이나 완전무결함이 아니라, 다만 '하나님 안에 거함'의 단계를 의미한다.

귀용 부인이 이 책을 쓴 목적은 독자들에게 자기의 고유한 체험을 전달하기 위해서였다. 부인은 자기가 그토록 생생하게 묘사한 이 단계들에 자신은 최소한 도달했다고 느꼈던 것 같다.

만일 당신이 로마 카톨릭교도가 아니라도 모든 그리스도인들은 이 단계들을 거쳐야 한다는 결정적인 인상을 받을지도 모른다. 하지만 그렇지 않다. 신약성경에는 그러한 공식이 없다. 변화에는 공식이 없다. C. S. 루이스의 말처럼 주님은 길들여진 분이 아니다. 그분은 공식적인 하나님이 아니다. 그분은 살아계신 하나님이고, 생생하게 살아 있는 체험의 하나님이다. 그분은 매일 다양한 방식으로 만날 수 있는 분이지 미리 전제된 단계를 통해서 계시되는 '어떤 분'이 아니다. 『영혼의 폭포수』는 한 여인이 하나님께로 가는 도상에서 겪었던 개인적인 체험담이라 할 수 있다.

내가 생각하건대, 그리스도인의 고난을 상세히 설명하고 있는 점이 귀용 부인의 특출한 능력이면서 동시에 약점이다. 나의 친구 중 한 명이 나의 책, 『내적인 여행』(*the Inward Journey*)의 한 장, "영의 깜깜한 밤"을 논평하던 중 이 역설을 이렇게 결론지었다. "짐! 당신이 묘사한 경험을 하지 않은 사람들은 당신이 말하는 것에 대한 개념이 없기 때문에 틀림없이 당신의 책을 별로 읽고 싶어하지 않을 겁니다"라고.

확실히 그런 면이 있다.

다소 침울하기는 하지만 자기 체험에 대한 이 생생한 글을 읽으면서 어쩌면 당신은 귀용 부인의 삶이나 글에 낯선 감을 느낄지도 모른다. 그러다가 결국 어떻게 대처해야 할지 몰라 손에서 책을 놓게 될지도 모르겠다. 이러한 유의 책을 읽지 말라고 권고하고 싶은 세 종류의 사람들이 있다(나는 특별히 깊게 상처를 입은 사람들에 대해서 말하고 있다. 나는 이 책이 상처받은 사람들의 상처를 더 깊게 하지 않는다는 것을 알고 있다. 책은 사람들을 외톨박이로 만들지 않는다. 다만 외톨박이인 사람들은 이러한 책을 읽은 후 자기가 얼마나 외톨박이인지 더욱 느낄 뿐이다).

첫째, 종교적인 이유로 독신생활을 하는 남자들, 그들은 이 책을 읽지 않는 것이 좋겠다. 오히려 그들 종교심이 강한 모든 독신 종교인들은 결혼을 해야 할 것이다! 이미 결혼생활을 10년이나 했던 부인이 쓴 이 책이 그들 독신 종교인들에게 상처를 입힐 수는 없다! 그러나 만일 당신이 결혼하지 않은 젊은 독신 남자이고, '종교심'이 매우 강한 사람이라면, 솔직히 말해서 이 책은 당신을 참을 수 없게 만들지도 모른다. 당신이 개인적인 자기 기준에 도달하지 못하는 어떤 끔찍한 상황에 처해 있다는 이유로 조그만 매듭에 전적으로 묶여 있다면 당신은 분명히 영적으로 진보하지 못하리라는 것을 기억하라! 그리고 당신이 만일 자기 자신이 영적으로 진보하고 있고 합법적이라고 자만하며 다른 모든 사람들을 조정하려고 시도할 때, 당신은 여전히 영적으로 진보하고 있지 못한 것이다! 이 책에 대해서 주목해야 할 사실이 한 가지 있다. 즉 종종 많은 그리스도인들이 단 한 주간 내에 건너뛰려고 계획하는 영적인 단계가 실제로는 20년 혹은 30년이 걸린다고 귀용 부인이 확신하고 있다는 사실이다.

이 책을 읽을 필요가 없는 두 번째 종류의 사람들은 정신질환자들이다. 30-40대의 사람 중 종교인이면서 정신질환을 앓고 있는 사람들이 있을지도 모르겠다. 그런 사람들에 대해서는 무슨 말을 더 할 수 있을까? 이런 사람들은 기독교서적을 쓴 저자들로 하여금 비록 그 책이 아무리 온유하고 부드럽다 하더라도 책을 다시 써야 하지 않을까 하는 의구심이 들게 한다. 실제로 기독교서적, 그것이 어떤 것이든지 자기들이 읽는 것에서 상처를 입고 동요를 일으키는 사람들이 있다.

마지막으로, 자기 과신의 헛된 비전 속에서 눈이 먼 채 교만하게 자기 미혹에 빠져서 살아가는 그리스도인들에게 읽지 말 것을 권한다. 그들은 자기를 제2의 잔느 귀용으로 자처하며 "이 책을 읽었는데 나도 이런 과정을 다 거쳤어, 지금 나는…"이라고 말한다. 그러나 이런 사람들은 실제 마음을 여는 것이 아니기 때문에 "나는 도달했어!"라고 과신하는 동안 몸의 세공(細孔)을 통해서 메시지가 다 빠져나간다.

아마도 나는 이 책의 뾰족한 앞니를 뽑을 뿐 아니라 소수의 그리스도인들의 앞니도 뽑아야 할 것 같다.

첫째, 모든 영적인 추구가 당신 개인의 사적 체험이 아니라 교회생활의 내적 체험이 되어야만 한다. 왜냐하면 교회야말로 바로 이 영적 추구가 귀속하는 영역이기 때문이다.

둘째, 당신에게 전달하고 싶은 것은 주님과 함께 더욱 깊숙한 곳으로 나아가기를 원하는 사람들, 그들 속에서 같이 살고 싶은 것이 솔직한 나의 심정이다(나 역시 그런 추구자들 중의 한 사람이다). 저 세계 끝에서 또 다른 세계 끝으로 여행할 때마다 시간이 허락되는 한, 나는 남자, 여자, 하나님의 사람들을 찾아다녔다. 하지만 영적으로 성숙한 그리스도인들을 지금까지 단 두 사람밖에는 만나지 못했다. 오직 두 사람! 두 사람! 이 두 사람은 모두, 어떤 누군가가 사람들을 단계별로 분류한다는 사실에 경악스러워했다. 그 중 한 사람은 베타 시리크라 불리는 그리스도인 여성이다. 그분은 나에게 깊은 영향을 주었다(그녀는 귀용 부인이 '냉담'이라고 묘사한 단계에 한 번도 이른 적이 없었다). 베타, 그분은 76세에 심장병으로 세상을 떠났다.

이 글을 출판하는 나의 의도는 무엇인가? 나는 당신 자신의 영적 해석이 매우 높으리라고 보지 않는다. 여러분 대다수는 실제 다 영적이지는 않을 것이다. 물론 나는 당신이 어느 '단계'에 있는지 발견해 보라고 권하지는 않겠다. 나 개인에 대해서 솔직히 말하자면, 나는 단 한 가지 사실만을 확신하고 있을 뿐이다. 즉 나는 그리스도에 의해서 구속받았다는 사실. 그 시점을 넘어서는 모든 것이 내게는 약간 모호하다. 나는 두 명의 그리스도인들을 통해서 성숙한 그리스도인이냐 아니냐를 가늠하는 요소를 보았다. 자기가 영적이라고 생각하는 그리스도인들에게서 오히려 나는 배부른 뒷모습을 발견하곤 했다! 사실 그런 사람들에게는 이 책이 다만 머리 속의 생각에 그칠 것이라고 생각된다. 그래도 만일 그들, 배부른 그리스도인들이 이 책을 읽는다면, 그들의 거칠고 터무니없는 영적 상태가 드러나 그들의 입이 봉해지거나 아니면 자기 착각이 가중되거나 둘 중 하나의 결과가 빚어질 것이다.

이러한 관점에서 본다면 『영혼의 폭포수』는 매우 뛰어나고 유익한 책이다. 왜냐하면 그것은 이 변화의 진행과정 중 실제로 일어날 수 있는 일에 대해서 우리를 겸허하게 만들기 때문이다.

내가 『영혼의 폭포수』를 출판하게 된 또 다른 동기가 있다. 나는 오래 전부터 그리스도교적 신앙의 깊은 내적 측면에 관해서 사역을 해왔다. 그러면서 나는 이 위대한 내적 모험의 길을 일찍부터 젊은 시절에 떠났던 사람들에게서 어떤 반응유형을 발견했다.

나는 그들 중에서 우리가 꿈에도 생각지 못할 만큼 친밀하게 주님과 함께 살아가며 교제를 나누는 그리스도인들을 목격했다. 그들은 깊은 심연의 반석을 발견함으로 말미암아 기뻐했고, 그리스도 안에서 형언할 수 없을 정도로 부요했다. 그 동안 그들 부요한 그리스도인들은 매일 고난의 십자가와 모든 사람들의 가슴 속에 있는 십자가, 이중의 십자가를 상기했다. 그러나 그들 각자는 친밀한 교제의 그 부요한 나날이 결코 영원히 지속되지 않을 것이고 또 그럴 수도 없다는 것을 명심해야만 했다. 또 한 차례 가뭄이 닥쳐왔다. 그 샘솟던 놀라운 물이 그쳤을 때 나는 그 중 몇 명의 그리스도인들이 아예 주님을 따르는 것을 포기하는 것을 목격했다. 나머지 대다수의 그리스도인들은 건조한 나날을 지내며 계속 그리스도를 따랐지만 마침내 참으로 황폐된 상태에서 다시 십자가를 만났을 때는 더 이상 주님을 좇지 않았다. 그들 대부분은 그토록 엄청난 십자가와 시련에 대해서 경고해준 사람들의 말을 자기가 결코 귀담아듣지 않았다는 사실을 먼 훗날 시인하게 될 것이다.

사랑하는 그대, 독자여! 『영혼의 폭포수』를 통해 잔느 귀용을 만나보라! 십자가를 묘사한 거장이(아니, 과거의 거장) 바로 당신 앞에 있다. 이 책은 상세한 고난 안으로 당신을 끌어당길 것이다.

이 책의 상반부는 당신을 실망시킬지도 모른다. 그리고 어쩌면 하나님과 전체적인 그리스도인의 삶에 관해 편견된 인상을 남길지도 모른다. 하지만 이 책은 당신에게 경고를 줄 것이다. 십자가와 시련에 대한 경고를 듣지 않은 사람들이 어떻게 되었는가?

진 에드워즈(Gene Edwards)

# 목 차

추천의 말 / 3

제 1 장  강물에 비유된 회심자들의 유형 ······ 19

제 2 장  어떻게 하면 덜 논리적이면서 더욱
         사랑할 수 있을까? ······ 23

제 3 장  탁월한 은사의 소유자들은 실패할 때
         오히려 희망이 있다 ······ 35

제 4 장  폭포수처럼 격렬한 인생여정을 겪는 회심자 ······ 45

제 5 장  죽음을 역사하게 하는 추락의 과정 ······ 55

제 6 장  타락한 본성을 가차없이 제거하시는
         하나님의 놀라우신 자비! ······ 65

제 7 장  마침내 옛자아가 무덤에 이르다 ······ 95

제 8 장  매일 죽음으써 곱게 빻아지는 알곡 ······ 105

| | | |
|---|---|---|
| 제 9 장 | 부활의 새 생명을 탐험하라 | 113 |
| 제 10 장 | 내가 사는 것이 아니라 내 안에 그리스도가 사시는 것이다 | 121 |
| 제 11 장 | 예수 그리스도로 옷 입었으니 주 안에 거하라 | 127 |
| 제 12 장 | 십자가의 길 | 133 |
| 제 13 장 | 그리스도가 당신 안에서 성장하도록 하라 | 137 |
| 제 14 장 | 가중되는 십자가 | 141 |
| 제 15 장 | 하나님의 자유함 | 147 |
| 제 16 장 | 자신을 부인하고 오직 하나님만 바라보라 | 157 |
| 제 17 장 | 하나님을 사랑하라 | 169 |

|| 영혼의 폭포수 ||

# 제 1 장
# 강물에 비유된 회심자들의 유형

우리 신앙인들은 마치 강물과 같다. 매우 천천히 흐르면서 자기의 목적지에 뒤늦게 도착하는 강이 있는가 하면 그보다도 더욱 빨리 흘러가는 강도 있다.

‖ 영혼의 폭포수 ‖

하나님을 갈구하는 어떤 추구자는 하나님의 손길이 닿자마자 거의 직관적으로 하나님께 더욱 완전하게 돌아서서 그분과 연합된다. 하나님이 그런 직관을 그에게 부여하시기 때문이다. 그런 신앙인 안에는 무엇인가가 있다. 그는 자기가 유희나 세상의 시련만을 겪도록 창조되지 않았다는 사실과 오직 주님 안에 자기가 창조된 목적이 집중되어 있다는 사실을 안다. 신앙인 안에 있는 바로 그 무엇인가가 자기 안에 있는 심오한 곳, 안식처로 되돌아가게끔 끊임없이 고무한다. 하나님의 계획 안에서 다만 그 힘이 보다 더 강하게 작용되는 사람이 있고, 조금 작게 작용되는 사람이 있어 사람마다 차이가 있을 뿐이다. 하지만 모든 신앙인들에게는 공통적으로 자기의 근원에로 되돌아가려고 하는 사랑의 성급함이 있게 마련이다.

그러므로 모든 그리스도인들은 강물에 비유될 수 있다. 강물은 자기의 근원에서부터 출발하여 바다를 향해 사정없이 흘러간다. 어떤 강은 천천히 장엄하게 흘러간다. 반면에 더욱 세차게 흐르는 강도 있다. 또 어떤 강은 마치 폭포수처럼 물흐름 줄기를 관찰할 수도 없을 정도로 맹렬하게 흘러간다. 그런 강은 흐름 줄기를 찾기 위해서 둑이나 제방 등 다른 방해물들을 쌓는다해도 이 모든 것은 바다로 뛰어드는 강 물줄기를 더욱 세차게 할 뿐이다.

우리 신앙인들은 마치 강물과 같다. 매우 천천히 흐르면서 자기의 목적지에 뒤늦게 도착하는 강이 있는가 하면 그보다도 더욱 빨리 흘러가는 강도 있다. 세 번째 유형의 강은 물살이 너무 빨라 아무것도 실어나를 수가 없다. 그것은 마치 곤두박질하는, 미친듯한 폭포수이다. 이 책의 목적은 이 세가지 유형의 강물을 통해서 각각 교훈을 얻는데 있다.

## 제 2 장
## 어떻게 하면 덜 논리적이면서
## 더욱 사랑할 수 있을까?

오, 나의 하나님! 언제쯤 되어야 사람들이 사랑하는 법에 대해 증거하도록 다른 이들을 가르치게 될까요!

영혼의 폭포수

여기, 회심한 후 시간을 바쳐 자기 주님의 임재 안에 머무는 그리스도인이 있다. 그는 말을 신중하게 하고, 자기 자신을 정결하게 지키려 하며 외부세계와 외적인 죄로부터 자기 자신을 격리시키고자 애쓴다. 그는 조금씩 조금씩 앞으로 나아가기 시작한다.

이 신앙인은 가뭄 때문에 심한 타격을 입을 수 있다. 실상 가뭄으로 강바닥이 완전히 메마를 때가 있다. 그때는 마치 강물이 처음 솟아난 그 근원에서부터 더 이상 흐르고 있지 않는 것 같다. 이 강물은 아무 것도 실어나를 수가 없는데 그것은 흐름이 너무 느리고 때로는 물이 완전히 메마르기 때문이다.

그러나 이 강물은 커다란 도움을 받을 수도 있다. 즉 다른 작은 지류들을 만나 물줄기가 합해짐으로써 더욱 수월하게 앞방향으로 나아갈 수가 있기 때문이다.

그런데 왜 그 흐름이 느린가? 그것은 이 신앙인이 주님과 친밀하게 동행하고 있지 않기 때문이 아닐까? 그의 노력은 외부에 머물고, 기도도 가장 외형적인 영역을 넘어서지 않는다. 물론 이 신앙인 역시 다른 신앙인들처럼 거룩하다. 하나님은 그들 신앙인들이 택한 상황을 스스로 비춰볼 수 있는 빛을 주신다. 그러한 신앙인은 때로 매우 아름다울 수도 있고, 다른 사람들의 칭찬을 받기도 한다.

이따금 그 중 어떤 사람은 갑자기 서두르도록 부추기는 빛을 받기도 한다. 하지만 대부분은 자기 자신으로부터 결코 헤어나오지 못한다. 이 그리스도인은 주님을 찾기 위해 수천 가지의 거룩한 계획을 세운다. 하지만 그 대부분은 자기의 노력에 의해서 하나님을 따르려고 할 뿐이다.

만일 이 그리스도인을 주님과 더욱 깊게 교제하도록 도우려고 시도하는 사람이 있다면 아마도 그 사람은 성공하지 못할지도 모른다. 거기에는 몇 가지의 이유가 있다.

첫째, 이 신앙인을 앞으로 나아오도록 부르는 그 그리스도인 자신이 타인에게 줄 수 있는 영적인 것을 전혀 소유하고 있지 못할 때 그러하다. 그렇기에 확신하건대 이 연약한 신앙인을 몰아가는 것은 다만 영적인 것에 대한 집착이기가 쉽다.

둘째, 만일 당신이 잘 관찰한다면 알 수 있겠지만, 이 신앙인은 추리능력이 뛰어나기 때문에 실패할 수 있다. 그는 논리적인 영역에서 매우 강하기가 쉽다. 때로 그의 의지는 주님을 따르는 방향설정에 있어서도 강하게 작용한다…. 하지만 그것은 외형적인 추종일 뿐이다. 보다 성숙한 그리스도인이라면 이 신앙인을 돕는 과정에서 이 신앙인이 영적 체험 중 한 극단에서 또 다른 극단으로 흐르고 있음을 발견했을 것이다. 그는 여러 번 고양되기도 했다가 또 여러 번 침체되기도 한다. 이따금 그는 자기의 진보에 스스로 놀라기도 하고 또 다른 때에는 매우 약해지기도 한다. 침체될 때는 심한 낙망에 빠질 수도 있다. 아무튼 그는 산만한 가운데 진정한 평화나 평온함을 누리지 못한다. 자기 길을 막는 어떤 것과 기꺼이 싸우려고 하면서도 또한 그것들에 대해 불만을 품는다. 이 신앙인이 주님과의 내밀한 동행에 관해서 너무 빨리 배우지 않는 것이 더 안전할 수도 있다. 왜일까? 그는 주님을 향해서 움직이는 방법을 자기 스스로 선택했기 때문이다. 만일 당신이 그가 의뢰하고 있는 것을 제거한다면 그는 하나님을 향해 나아가는데 있어 기댈 아무런 것도 없는 상태가 되어버릴 것이다. 바로 이런 점 때문에 우리는 주님과 동행하는 길 자체에 관해 그리스도인들 사이에 논쟁이 벌어질 소지가 있음을 발견하게 된다. 하나님과의 친교 안에서 더욱 심오한 것들을 발견한 사람들은 그 심오한 요소들로부터 자기들이 정말 좋은 것을 얻어냈음을 깨닫는다. 그리하여 그들은 다른 모든 사람들도 이 길을 가기를 원하게 된다. 하지만, 보다 외형적인 신앙인은 주님을 따르는 자기의 방식만으로 충분하다고 만족해하며 모든 사람들로 하여금 자기의 길을 좇게 만든다. 해결책은 무엇인가? 해결책은 당신이 다루고 있는 신앙인의 유형에 주의하는 것이다. 그가 어떤 유형의 신앙인이든지 그의 유형대로, 그가 선택한 길에 따라서 그를 도와야 한다. 결국 그의 타고난 기질을 따르는 것이 최선의 길이다.

당신은 단지 목격하기만 하면 된다. 단순히 주님의 임재에로 나아가 가만히 주님 앞에 머무는 것조차 하지 못하는 신앙인들이 얼마나 많은가.

다른 사람들에게 뿐 아니라 자기 자신에게까지도 자기의 허물을 가릴 줄 아는 사람들도 있다. 당신은 그런 신앙인들이 보통 인간의 감정이나 느낌에 있어서 완전히 포장되어 있음을 발견할 것이다. 어쨌든 이성적인 사람이나 감정적인 사람이나 모두 자기들의 논리에 매우 집착한다.

그런데 그냥 그렇게 계속 가야만 할까? 앞으로 나아가도록 그들을 도울 수는 없을까? 물론 그런 도움을 주려면 지혜로운 사람이 필요하다. 전적인 영역에 걸쳐 어떻게 하나님의 뜻을 따라 걸을 것인지 그들에게 보여주려면, 당신은 은혜 앞에서 달음박질해서도 안되고 또 그분을 좇는 것을 거부해서도 안된다. 우리가 할 일은 하나님의 은혜에 화답하는 것이다.

불행하게도 많은 그리스도인들은 주님을 더욱 잘 따르도록 다른 신앙인을 도울 때 자기능력의 한계를 느끼게 된다. 그리하여 그가 앞으로 나아가도록 돕거나 혹은 자비롭게 그를 홀로 버려두기보다는 자기의 궤도로 끌어들여 주님을 따르는 주님의 추구자가 아니라 자기를 따르는 자기의 추종자로 만드는 결과를 빚는다.

우리 신앙인들은 어떻게 덜 논리적이면서, 어떻게 더 사랑할 수 있을까? 이것이 문제이고, 이것을 모범으로 보여줄 필요가 있다. 이따금 이것은 깊게 따지는 우리의 습관적인 잘못 때문에 매우 더디게 성취될 것이다. 만일 어떻게 하면 주님을 더욱 사랑할 수 있는지 그것을 배우겠다고 응답한 그리스도인이 있다면, 그는 틀림없이 주님께 더욱 가까이 나아갈 수 있다. 여기에 그를 도울 수 있는 길이 있다.

그러나 한편, 그 신앙인이 자기의 논리를 더 이상 따지지 않겠다고 단념했을 때, 그때부터 그는 글자그대로 무미건조해지기 시작할 것이다. 그렇게 되면 그는 주님에 대한 보다 정열적이고 깊은 사랑에 기댈 수가 없게 된다. 그럴 경우, 보다 활동적이고 외형적으로나마 주님과 동행하도록 그를 격려하는 것이 오히려 현명하다. 비록 그가 영적으로 깊은 깨달음이 없다 하더라도 최소한 의지적으로나마 주님을 섬길 수 있기 때문이다.

우리가 무미건조함에 대응할 수 있는 길은 두 가지가 있다. 하나는 마음문을 완전히 닫고 희망을 버리는 길이다. 나머지 하나는 그 무미건조함이 주님께로부터 오는 것임을 즉각 알아차리고, 그 메마름 가운데서도 계속 주님을 따르는 길이다. 길을 가다가 부닥치는 한 차례의 메마름에 대응하지 못하는 신앙인은 주님께서 기쁘게 수고를 덜어주실 때까지 있는 힘을 다해 경주를 벌이도록 격려받는 것이 좋다. 작은 시냇물이 바다를 향해 가는 넓은 강의 품에 안길 때까지 경주를 벌이는 것이다.

그러나 주님과의 내적인 동행에 대해서 언급하는 것을 반대하고, 그런 영적인 서적에 항의하는 사람들이 있는 것을 볼 때 놀라움을 금할 수가 없다. 그런 영적 서적의 저자나 설교자가 아무런 해를 입히지 않았다는 것이 나의 생각이다. 다만 피해를 받는 유일한 사람은 자기 자신을 최우선적으로 추구하는 사람일 뿐이다. 하지만 주님을 더욱 알고 싶어하는 겸허한 영혼은 이 선물을 자기로 인해서 받는 것이 아니라 다른 근원으로부터 받게 된다는 사실을 깨닫는다…. 그런데도 그 겸허한 영혼이 영적인 것을 듣거나 읽는 것을 금지당해야만 할 것인가?

그리고 책을 읽는 그리스도인이 비록 어떤 영적인 단계에 이르고, '영적'이라는 단어를 사용하면서 상당한 영적 위치에 이른 것처럼 보일지라도 실제 말과 행동함에 있어서 그렇지 않다면 어떻게 자기 자신을 속일 수 있겠는가?

보통 정도의 분별력을 가진 그리스도인이라 하더라도 실제 자기가 그러한 영적 상태인지 아닌지 분명히 말할 수 있다.

내가 주님과의 내적 동행에 관한 책들이 해롭지 않다고 믿는 또 다른 이유가 있다. 그러한 유(類)의 책들은 독자로 하여금 세상과 구별되도록 도와주고, 죽음의 의미를 이해하게끔 해준다. 그러한 독서에 의해서 신앙인은 취해야 할 것과 버려야 할 것들에 관한 분별력을 얻게 된다. 하지만 그 분별력을 기를 때까지는 자기에게 그 능력이 없음을 깨닫는다. 그럼으로써 내주하시는 그리스도에게로 향하기 시작하면서 주님으로부터 그러한 모험을 위한 힘을 구하게 된다.

어떠한 그리스도인도 특히 신앙심이 깊은 사람일수록 자기 스스로 자신이 영적 지도자라고 자처할 수 없다. 그는 하나님의 성령에로 자기 자신을 인도해줄 수 있는 다른 사람의 도움이 필요하다는 것을 안다. 물론 영적인 인도를 받기 위해 다른 사람에게 향할 때 위험이 없는 것은 아니다. 간혹 어떤 경우에는 자기를 도와주는 사람을 좇는 결과를 낳을 수도 있기 때문이다. 물론 그런 지도자는 하나님의 은혜를 한정짓고, 그 신앙인이 영적으로 성장하는 것을 방해하는 장애물이라 할 수 있다. 종종 그런 지도자들은 오직 '하나의 길'… 즉 '자기의 길'만이 있다고 믿는다! 그는 전세계 사람들을 오직 그 길로만 걷게 만들고 싶어한다. 이것은 커다란 해악이다! 깊은 인생의 모든 것을 고정시키려 하고, 오직 하나의 방향만을 고집하는 지도자들은 다른 신앙인들이 하나님과 소통하는 것을 방해한다.

아마도 우리는 영적인 생명을 위해서 학교에서 행했던 방식을 도용해야 할지도 모른다. 학생들은 항상 같은 반에서 수업하는 것이 아니고 해마다 학년이 올라감에 따라 반을 바꾸지 않는가. 선생님들은 5학년 학생들에게 가르쳤던 것을 6학년 학생들에게 또 가르치지 않는다. 인간의 교육은 그다지 가치가 없는데도 불구하고 사람들은 엄청난 관심을 쏟아왔다. 그러나 하나님에 관한 지식은 너무도 중요하고 필수적인 것임에도 불구하고 아직도 너무나 소홀히 취급되고 있다. 과연 이대로 기도를 가르치는 학교가 없어도 괜찮은가? 그러나 아뿔사! 기도를 연구하는 사람들은 또 기도를 망친다. 그들은 기도를 가르치면서 규율을 세우고 하나님의 성령을 평가한다. 하지만 성령은 측량치 못하고 규율에 담을 수도 없는 분이지 않는가!

당신에게 분명히 말하건대 어느 정도 깊숙한 길을 가면서도 주님을 전혀 모르는 그런 신앙인은 없다. 우리의 기질이나 배경이 어떠하든지간에 보다 개인적으로 친밀하게 주님을 알고자 힘쓰지 않아도 좋을 이유는 아무 것도 없다. 가장 둔한 사람도 그 정도는 할 수 있고, 그 정도는 노력한다. 나는 그런 경우를 실제로 보았기 때문에 안다. 나를 찾는 사람들 중에는 영적인 감각이 전혀 없고, 영적인 모험을 아예 추구하려고도 하지 않는 사람들이 있는가하면, 영적인 모험을 시도한 지 얼마 되지 않아 전적으로 모든 물질을 포기하기로 결심한 사람들도 있다. 그들은 어떠한 반대에도 불구하고 계속적으로 조금씩 진보했다. 나는 이 사람들이 몇 년 지나지 않아 상당히 높은 영적 수준에 도달한 것을 보았다. 나와 계속 교제해왔던 이 사람들은 만약 자기들이 나의 도움을 받지 않았다라면 벌써 이 길을 포기했을 거라고 말하는 것을 가끔 들은 적이 있다. 만일 그들이 정말 포기했다면, 그리하여 4-5년 동안 아무런 영적 진보를 이루지 못했었다면, 그 사실에 대해서 어떤 사람이 그들에게 왜 당신들은 단순히 하나님의 사랑으로 뜨거워지지 못했느냐고 묻는다면 그들은 뭐라고 대답했을까? 아마도 그들은 스스로 "나는 단순히 그리스도와의 이런 관계만을 위해서 불림받은 것은 아니야!"라고 생각했을지도 모른다.

당신이 신앙인이라면, 나는 당신에게 분명히 말한다. 당신이 누구이든지간에 당신은 당신의 인생에 관한 하나님의 계획을 알고 있다! 당신이 만일 신실하다면, 당신은 대단히 지적이고 추론에 뛰어난 사람들, 기도와 영적인 문제를 체험으로보다는 이론적으로 연구하는 어떠한 사람들보다도 주님을 훨씬 더 잘 알 수 있다. 당신이 당신 자신에 대해서 스스로 빈곤하다고 느껴도 전혀 문제가 되지 않는다. 당신이 오직 한 가지만 한다면 당신은 주님을 아주 잘 알게 될 것이다. 즉 성장하려고 발버둥치지 말라! 다만 문이 열릴 때까지 주님의 현존 앞에서 겸손하게 기다리라!

한편, 뛰어난 이해력과 추리력을 소유한 사람들은 하나님 앞에서 단 한 순간의 침묵도 견디지 못한다. 그러한 그리스도인은 봇물터지듯 말을 쉽게 아주 잘한다. 기도하는 법과 기도의 여러 국면을 잘 알 뿐 아니라 영적인 주제에 대해서도 명확하고 정확하게 말할 수 있으며 자기가 이러한 모든 것을 할 수 있다는 사실에 매우 만족해하는 것처럼 보인다. 하지만 이러한 그리스도인은 10년 혹은 20년이 지나도 똑같은 자리에 머물러 있게 될 것이다.

이러한 두 유형의 그리스도인들 중 어느 쪽이 내적인 길을 좇기에 더 적합할까?

인간적인 차원에서도 가장 비참하게 사랑에 빠진 사람은 아무런 계획이나 기술없이 사랑을 시작한 사람이라는 말이 사실이 아닐까? 사랑의 문제에 가장 문외한인 사람이 종종 가장 뛰어난 사랑의 기술자일 수 있다. 광대하게 높은 수준은 예외라 하더라도 거룩한 사랑의 문제에 있어서도 비슷하다.

다른 그리스도인들을 그리스도와 동행하도록 돕는 사람들에게 말한다! 그리스도에 대해서 별로 깊이 알지 못하는 어떤 사람이 당신에게 다가온다면… 그때 당신은 단 한 가지만 하면 된다! 즉 그가 하나님의 사랑에로 뛰어들기 위해서 자기 자신을 어떻게 버릴 것인가에 대해서 가르치는 것이다. 그는 곧 승리자가 될 것이다. 그리고 그가 사랑하기에 잘 적응된 사람이라면 그가 최선을 다하도록 허락하라! 그리고 사랑 그 자체가 그로 하여금 사랑하게끔 만들 때까지 참을성있게 기다리라. 그리고 그로 하여금 그의 방식대로 주님을 사랑하게 하라! 당신의 방식대로가 아니라 그의 방식대로….

오, 나의 하나님! 언제쯤 되어야 사람들이 사랑하는 법에 대해 증거하도록 다른 이들을 가르치게 될까요!

# 제 3 장
# 탁월한 은사의 소유자들은
# 실패할 때 오히려 희망이 있다

많은 상품을 실어나르는 강물과 같은 그리스도인은 의식적이든 무의식적이든 너무나 자기 자신만을 바라보기 때문에 스스로 물의 흐름을 막는 댐과 같다.

|| 영혼의 폭포수 ||

이제 우리는 두 번째 유형의 강물을 살펴보자. 여기 엄숙하면서도 당당하게 안정된 속도로 흐르는 커다란 강이 있다. 이 강의 흐름은 눈에 확 뜨인다. 거기에는 질서가 있다. 이 강은 상품을 운반하는 상인들과 배를 적재한 채 흐른다. 이러한 강들 중 대다수는 바다에 이르기 전에 보다 더 커다란 강 안에서 자기 자신을 잃어버리거나 마침내 바다의 지류가 된다. 불행하게도 대부분의 이런 강들은 단지 상품과 상인을 실어나르는 데 소모되고 만다.

이 강은 흐름을 저지당할 수 있다. 댐이나 둑 때문에 속력이 늦춰질 수도 있고, 어떤 지점에서는 흐름방향이 틀어질 수도 있다.

이 강의 근원은 매우 풍부하다. 거기에는 많은 선물과 은혜, 천상의 많은 호의가 있다. 하나님의 교회 안에는 별처럼 빛나는 성인들이 많이 있지만 이들은 결코 이 강의 수준을 넘어서지 못한다.

사실, 이 범주에는 두 종류의 강과 두 종류의 그리스도인들이 있다. 하나님은 이들에 대해서 연민을 느끼시는데 그것은 이들이 메마르고 건조함에도 불구하고 하나님을 위해서 너무도 애쓰기 때문이다. 그분은 조금씩 조금씩 그들 하나하나를 그분의 선하심에로 그리고 그분 생명의 부요함에로 끌어당기신다.

이 두 번째 유형의 그리스도인들은 거의 출발선상에서부터 중심이 붙들린다. 그들은 자기가 하나님을 사랑하고 있음을 느낀다. 하지만 결코 자기 사랑의 대상에 대해서 친밀하게 정통하지는 못한다. 인간의 사랑은 자기 사랑의 대상에 대한 지식을 전제로 한다. 즉 인간의 사랑 안에서 인간은 자기가 사랑하는 대상을 안다. 그러한 친밀한 지식없이 인간의 사랑은 이루어질 수 없다. 그것은 눈으로 봄으로써 가슴으로 알 수 있기 때문이다. 하지만 하나님의 사랑의 방식은 그렇지 않다. 주님은 우리의 마음을 주장하신다. 그러므로 주님은 우리에게 그분을 잘 알도록 억지로 강요하시지 않는다. 다만 그분에 대해서 무엇인가 알 때 그분은 자신을 사랑하는 마음을 우리 안에서 불러일으키신다!

만일 당신이 주님께로 가는 길을 발견하도록 다른 그리스도인들을 돕고 있다면, 당신은 언젠가 자기의 주님을 열정적으로 사랑하면서도 그분에 대해서 거의 아는 것이 없는 신앙인을 만나게 될 것이다. 이러한 종류의 그리스도인은 주님을 향해서 굉장한 진보를 이룩한다. 그는 주님과 놀라운 교제를 나누고, 그분의 뜻에 완전히 화합하는 것처럼 보인다. 하지만 아직도 다뤄지지 않은, 결코 소멸되지 않은 무엇인가가 남아있다.

하나님은 이런 사람을 하나님 안에서 자기를 버린, 이기심이 없는 사람이라고 생각하시지 않는다. 그에게는 단지 열렬한 사랑만 있을 뿐이다. 그리하여 다른 사람에게서 감탄과 놀라움을 자아내는 결과를 빚는다. 하나님은 그에게 은혜 위에 은혜를 주시고, 은사 위에 은사, 빛 위에 빛을 주신다. 비전도 있고, 계시도 있다. 이 사람은 종종 하나님의 목소리를 듣는다. 주님은 오로지 그를 아름답게 하고 그분의 비밀을 이 사람과 나누고 싶은 것 외에 다른 관심은 없으신 것 같다. 말하자면 이 신앙인 안에는 갖가지 종류의 빛이 다 갖춰져있는 것처럼 보인다.

이 신앙인은 유혹을 느낀다. 하지만 필사적으로 이 유혹을 뿌리친다. 십자가를 억지로 짊어진다. 그러면서도 그는 더 무거운 십자가를 원하기까지 한다! 그는 모든 불과 화염, 사랑 자체처럼 보인다. 여기에 무엇이든지 감당할 각오가 되어 있는 열심있는 신앙인이 있다. 그는 사실 그의 시대에서는 비범한 사람이다. 주님은 그러한 사람들을 통해서 기적을 일으키신다. 그들에게 필요한 것은 다만 무엇인가를 갈망하는 것이고 하나님은 그것을 보장해주시는 것 같다. 하나님은 그들의 갈망을 보장해주시고 그들의 뜻을 채워주시는 것 외에 다른 것을 기뻐하시지 않는 것 같다. 또한 이들 그리스도인들의 희생정신은 매우 뛰어나다. 그들은 이 세상에 속하지 않은 채 엄숙하게 살아간다.

만일 그러한 그리스도인이 매우 젊고, 주님을 따르기 위해 당신에게 왔다면 당신은 그를 크게 도와줄 수도 있고 혹은 그에게 큰 해를 끼칠 수도 있다. 그에게 해를 끼칠 수 있는 경우 중의 한 가지는 당신이 그에게 직접 칭찬을 해줄 때이다. 그렇게 한다면 당신은 결국 그가 자기 자신에게 마음을 쏟게 만드는 결과를 빚고 만다. 그렇게 되면 그는 하나님의 은사에만 머물러서 주님 자신을 따라 더 이상 달려가지 않는다.

당신도 알겠지만 주님이 성도들에게 엄청난 은혜를 베푸시는 것은 그들을 주님 자신에게로 향하게 하시기 위함이다. 그러나 이 그리스도인은 하나님의 은사에 매달리고 은사만을 바라보며 그것에 만족하고 머무르는 위험을 감수하면서 끝내 비극적으로 그것을 자기 자신의 것으로 취해버린다. 거기서부터 허영과 자기만족, 다른 사람들보다 자기가 더 낫다는 자기 우월감을 느끼며 끝내 내면의 영적 생명의 파괴를 가져온다.

이러한 특성의 그리스도인들이 만일 주님과 보다 깊은 만남의 수준에 이른다면 초신자들에게 상당한 도움을 줄 수도 있다(하지만 다음 장에서 살펴볼 사람들만큼은 아니다). 그 이유는 이 그리스도인이 하나님 안에서 매우 강하기 때문이다. 하지만 그는 이따금 다른 사람들의 연약함을 이해하지 못한다. 예를 들면 수녀원장은 이러한 종류의 그리스도인인데, 연약한 자들에 대해서 어머니다운 따뜻함을 갖기가 오히려 힘들다. 이러한 그리스도인은 연약한 신앙인들의 고백을 듣고 매우 심하게 충격을 받을 수 있다.

이러한 기질의 사람들은 다른 사람들에게 지나치게 높은

수준의 완벽함을 기대하고 '조금씩 조금씩' 성장할 수 있도록 인도하지 못한다. 이 사람들은 정말 불완전한 사람들과 함께 일할 때 오직 그때만 무엇인가 헛점을 보인다. 혼자서는 아주 뛰어나고 마찬가지로 하나님을 향해서는 많은 사랑을 수행한다.

만일 당신이 그들과 이야기를 나눠본다면 그들의 영적 수준이 상당히 높고 아마도 완전한 상태에 이르렀다고 믿게 될지도 모른다. 그가 쓰는 용어들 — 십자가, 죽음, 상실, 사랑 — 혹은 그가 말하는 내용은 진실되고 자기 나름대로 이 모든 것을 경험했을 수도 있다. 그리고 그는 하나님 안에서 자기 자신을 포기했을지도 모른다. 그의 욕구는 모두 고차원적이다. 그의 단점이 있다면 그것은 오직 하나님만이 발견할 수 있을 정도다. 오랜 세대를 통해서 찬탄을 받아온 수많은 그리스도인들은 아마도 이런 유형의 길을 따라 주님 안에서 걸어간 사람들일 것이다. 그럼에도 불구하고 이런 그리스도인은 아주 천천히 흐르는 자기의 강물에 그토록 많은 상품을 실어날랐었다. 이런 그리스도인을 어떻게 생각해야 할까? 이러한 그리스도인들은 영원히 그런 상태로 갈 것인가?

무엇인가 하나님의 섭리에 의한 기적이 일어나지 않는 한 그럴 것이다. 또 주님과의 내적인 동행의 길을 밝게 비춰주며, 주님의 은사를 거부하지도 말고, 바라보지도 말고, 오직 그것을 넘어설 것을 가르쳐주는 누군가의 인도가 없다면 그럴 것이다.

 많은 상품을 실어나르는 강물과 같은 그리스도인은 의식적이든 무의식적이든 너무나 자기 자신만을 바라보기 때문에 스스로 물의 흐름을 막는 댐과 같다.

 만일 당신이 초신자를 그의 하나님과의 좀더 깊숙한 내적 동행에로 인도하려고 한다면, 그의 사고력에 관심을 두지 말고, 그의 사고력을 부추기지 말라. 다만 보다 더 영적인 직관의 문제에로 관심을 끌도록 노력하라. 그를 믿음에로 향하게 하라. 전적으로 주님에 대한 자기의 믿음에만 달려있는, 매우 깊고 불확실한 어두움에로 향하게 하라. 자기가 알고 있는 것에 대해서 기록하지 않게 하라. 우리는 무엇이든지 지식이 아니라 섭리 위에 세워져야 하기 때문이다.

 확실히 하나님의 길을 아는 것은 좋은 일이다. 그러나 오직 주님만이 길을 내셔야 한다. 주님에게 가는 길은 참으로 많은 것처럼 보인다. 특별히 내적인 동행의 길에 대해서 많은 가르침을 받지 못한 사람들에게는 더욱 그렇다. 하나님께로 가는 길과 모든 목적을 성취하는 방법 역시 굉장히 많은 것처럼 보인다.

 그런 유형의 그리스도인들은 죽음이 내적 부분을 건드리는 것과 같은 어떤 깊은 내적 체험을 하기 전까지는 정말 진지하게 주님께 몰두하며 주님께 향하는 일이 거의 없다. 그러면서도 가끔 주님에 대해 직관적으로 이해를 한다. 물론 그것은 상당히 다듬어야 할 필요가 있는, 주님에 대한 통찰이다. 또 그들은 많은 것들을 파악하기도 한다. 그러나 그 깊이는 자기가 아는 것보다 훨씬 한계적이다. 나는 이런 유형의 신앙인을 돕고자 하는 사람들에게 말하고 싶다. 만일 그 신앙인이 타고난 것이 있는데 그 은사나 은혜가 산산조각나는 것을 목격하더라도 전혀 불안해하지 말라. 그것은 하나님 자신의 섭리 안에 감추어진 과정이기 때문이다.

영혼의 폭포수

# 제 4 장
# 폭포수처럼 격렬한 인생여정을 겪는 회심자

당신의 시선이 아무리 고양되었다 해도 당신 자신의 시선으로는 결코 하나님의 중심부를 알지 못하리…

‖ 영혼의 폭포수 ‖

세 번째 유형의 그리스도인은 산에서부터 흘러내리는 폭포수 같이, 그런 인생여정을 겪는다. 이 그리스도인은 주님에게서 자기의 근원을 찾는다. 그러나 그의 흐름을 멈추게 할 수 있는 것은 아무것도 없다. 이 폭포수에는 가장 담대한 그리스도인에게도 두려움을 일으키는 무엇인가가 있다. 세 번째 유형으로서 지금 내가 묘사하고 있는 이 사람은 하나님의 섭리와 놀라운 관계를 맺고 있다. 그의 인생에서 돌발하는 사건들은 극적이고 격렬하다. 그의 길은 갑자기 바뀌고 불규칙하다. 때로는 진흙땅을 지나면서 더러운 불순물이 묻어난다. 때로는 땅 속 깊숙한 지반에서 사라졌다가 곧 얼마간 흐른 후 다시 솟아나기도 한다. 그러나 그렇게 잠시 나타났다가 다시 동굴 속에 잠긴다. 그러다 마침내 바다에 이르고, 그 바다에서 다시는 자신을 발견할 수 없게 될 때 행복한 순간을 맞는다. 이미 그 자신이 바다의 일부분이 되었기 때문이다. 다른 강들이 자기의 등에 많은 상품을 실어나를 때 여기 바다의 한 부분이 된 폭포수는 이제 바다를 항해하는 그 거대한 배 자체를 지탱한다.

분명히 이 강이 폭포일 때는 상품을 실어나를 수 있는 이용가치가 전혀 없었다. 하지만 이제 눈에 보이는 세계에서 사라진 채 바다속으로 완전히 흡수되었다.

나는 지금부터 이 폭포수의 흐름발자취를 거슬러 좇고 싶다. 그가 회심한 첫 순간부터 마침내 바다 안에서 자신을 완전히 잃어버린 그 최후의 시각까지를… 이러한 그리스도인은 어떠한 과정을 거쳤고, 어느 지점까지 주님을 향해 나아갔을까? 바다를 향해 가던 그의 모험에는 어떤 측면이 있었을까?

만일 당신이 이런 유형의 그리스도인이라면, 당신의 근원은 하나님이다. 그분은 또한 당신의 목적이다. 처음에 당신은 죄에 의해 적발당했다. 당신의 가슴은 끊임없이 동요하고 도무지 안식을 찾을 수가 없다. 참된 안식은 오직 하나님 안에만 있기 때문이다. 당신이 만일 이런 삶 가운데서 안식을 찾으려 한다면 결코 발견하지 못할 것이다. 오직 당신의 주님, 그분 안에서만 가능하다. 그러므로 당신의 추구는 하나님 안에서만 끝난다. 불길이 타오를 때 바깥 주변부는 매우 맹렬하게 움직이지만 그 가운데 근원은 그저 빛 자체라는 것을 당신도 발견했을 것이다.

죄가 당신의 목덜미를 끌어당기는 것을 멈추자마자 당신은 당신의 주님을 찾아 달려가기 시작한다. 그럴 수는 없겠지만 만일 당신이 죄로부터 벗어날 수만 있다면, 당신의 목적지까지 얼마나 신속하게 나아갈 수 있을까! 하나님의 중심부로 더 가까이 갈수록 나아가는 속도는 더욱 빨라지고 경주는 더욱 평온하다.

당신의 타오르는 불길이 위로 솟구치지 않도록 나무를 계속적으로 그 위에 올려놓으라. 또한 제거되어야 할 장애물도 있다. 당신은 본성상 당신의 주님께로 향한다. 방해물이 있다 해도 당신은 계속적으로 당신의 주님께 달려간다. 당신이 불필요한 죄를 짓는다면, 푯대를 향해 전진하는 것을 막는 결과가 된다. 당신 자신이 스스로 장애물을 놓아 길을 막느냐 아니냐에 따라 조금 혹은 더 많이 앞으로 나아가게 된다.

하지만 자기의 약점을 잘 모르기 때문에 자신이 선하다고 생각하는 신앙인들은 참으로 문제가 심각하다. 예를 들어서 처녀들이나 혹은 과부로서 정절을 지킨 사람들이 그럴 수 있다. 당신의 정절을 우상으로 삼지 않도록 조심하라! 당신의 주님의 자비는 죄가 넘치는 곳에 풍성하다는 사실을 기억하라! 당신 자신의 의를 사랑하지 않도록 주의하라! 그것은 죄가 많은 것보다 더 해결하기 어려운 장애물이다.

당신의 시선이 아무리 고양되었다 해도 당신 자신의 시선으로는 결코 하나님의 중심부를 알지 못하리….

장벽은 단순하면서도 엄청나다. 죄에 너무 강하게 집착해서도 안되지만 또한 자신의 의에 집착해서도 안된다. 주님은 그런 당신 자신의 관점에서 진정한 기쁨을 찾는 것을 허락하시지 않는다.

주님이 당신을 향해 맨 처음 하시는 작업은 당신이 주님과 얼마나 멀리 떨어져있는 비참한 존재인지… 그 사실을 감지하게 하시는 일이다. 이 사실이 당신의 삶 가운데 자리하는 죄의 내적 본성을 발견하게 하고, 그 죄 때문에 엄청난 번뇌와 고통, 슬픔을 겪게 한다. 간혹 그 고통스런 상태를 슬쩍 지나칠 때도 있다. 그러나 불안은 증대될 것이고 평안을 추구하고픈 욕구가 더욱 강렬해질 것이다.

이 시점에서 당신은 어떻게 하면 주님께 더욱 가까이 갈 수 있을지 그 길을 찾기 시작할 수도 있다. 그래서 매우 외형적인 기도나 묵상방식, 다른 그리스도인들의 활동에 관심을 쏟기 시작한다. 이러한 모든 것들이 그분을 더 많이 알고 싶다는 욕망을 불러일으키기 때문에 나름대로 가치가 있다고 생각할지 모르겠다. 그러나 아무리 당신이 이 분야에서 성공했다 하더라도 이런 모든 외형적인 활동들은 병을 가라앉힐 뿐 그것을 치유하지는 못한다는 사실을 깨달아야만 한다. 이런 상황에서 발버둥을 치면 칠수록 오히려 당신은 더욱 성급해질 뿐이다.

이런 단계에 있는 그리스도인은 더욱 깊이있게 자신을 도울 수 있는 누군가를 만나지 못하면 엄청난 시간을 잃는다. 하지만 이 시간이 덧없이 흘러가게끔 내버려두시는 것이 바로 하나님의 섭리다. 그 시간은 흘러간다. 이러저러한 길에서 주님은 이 그리스도인의 욕구를 채우신다. 보통 그분이 그렇게 하시듯이 어떤 색다른 방식으로가 아니라 매우 자연스런 방식으로.

주님을 더욱 잘 알도록 이 그리스도인을 인도해 주고자 하는 사람은 그 사람 자신이 바로 주님을 더 잘 알기를 원하는 그런 자질의 사람이어야 한다. 이렇게 추구하는 그리스도인은 그토록 오랫동안 자기가 찾던 그 보물이 바로 자기 자신 안에 있음을 매우 놀랍고도 기쁘게 발견하게 될 것이다. 이제 그 그리스도인에게 기도는 더 이상 시간낭비나 지루한 것이 아니다. 그는 새롭게 발견한 자유를 기뻐한다. 그는 더욱 깊숙이 나아가며 거기서 주님을 발견한다. 그리고 자신을 더 멀리 실어나르는, 표현할 수 없는 기쁨을 느낀다. 그는 그 상태로(사랑과 내적 동행의 단계) 머물고 싶어한다. 영원히!

여기서 내가 지적하고 싶은 것은 그 상태가 매우 기쁘기는 해도 여전히 그 그리스도인은 자기가 잘 모르는 무엇인가를 겪지 않으면 안된다는 사실이다. 그의 가슴은 사랑과 찬미로 가득 찬다. 그는 자기가 낙원에 있다고 느낀다. 자기 안에서 이 지구상의 모든 즐거움보다도 더 달콤한 무엇인가를 발견하고, 자기의 이 내적인 체험을 즐기기 위해서는 이 세상을 기꺼이 떠날 수도 있다고 생각할 정도이다. 그의 기도는 거의 멈춰지지 않는다. 그의 사랑은 날마다 날마다 더해간다. 그를 괴롭혔던 모든 것이 멀리 사라졌다. 자신의 계획은 사라지고 오직 주님의 사랑만을 계속 받아들이기를 멈추지 않는다. 그러나 이것이 바로 그의 약점의 징조이다. 그는 다른 사람과 대화하기를 두려워한다. 어떠한 종류의 만남이든 다른 사람과의 관계를 피하려고 한다. 주님과의 관계가 어쩌면 깨질지도 모르기 때문에 겁을 낸다. 죄를 짓게 되면 항상 그것이 매우 심각한 죄라고 생각한다. 그는 자기 자신에게 가장 커다란 징계를 가한다. 바보스러운 말이나 멍청한 생각을 하면 그런 자신을 꾸짖는다. 우리는 이런 사람에 대해서 뭐라고 말할 수 있을까? 다만 이 영혼 안에서 계속 작업하시고, 그를 정결하게 하실 분은 오직 주님밖에 없다고 말할 수 있을 뿐….

만일 이 가련한 신앙인에게 주님이 떠나신 것처럼 느껴진다면 이 신앙인은 곧 혼란 속으로 떨어져 헐떡이게 된다. 하지만 일단 관계가 회복되면 모든 사람에게 하나님을 사랑하라고 권고하고 싶어한다.

어떤 사람들은 이 상태에서 아예 눈을 감아버림으로써 눈이 멀거나 귀가 먹어 그 기쁨을 전혀 손상시키지 않을지도 모른다. 그들은 마치 술에 취한 사람과 같다. 말씀 한 줄 읽는 것으로 충분하다. 한 페이지를 읽는 데 하루 온종일이 걸린다. 주님의 말씀 한 마디가 가슴의 불꽃을 타오르게 하여 그분을 향한 본능을 일깨운다.

이 시점에서는 입술로 소리를 내서 하는 기도가 썩 마음에 내키지 않을 수도 있다. 다른 사람들은 그가 왜 더 이상 기도하지 못하는지 의아해할지도 모른다. 하지만 이 사람은 자기가 단순히 소리내어 기도할 수 없을 뿐임을 알고 있다. 무엇인가 달콤하고 사랑스러운 것이 그를 침묵하게 한다. 입술로

소리를 내어 기도하려고 하는 시도 자체가 그의 신적인 평화를 깨고, 영적인 메마름의 감각을 끌어온다.

만일 당신이 이 단계를 지나고 있는(쏟아지는 폭포수처럼 하나님께로 격렬히 돌진하는) 누군가와 함께 일을 하고 있다면, 입밖으로 소리를 내어 객관적으로 기도하라고 강요함으로써 그를 방해하지 말라! 그 그리스도인은 죄에 대해서 극도로 민감하다. 고통이 닥쳐와도 그 고통을 없애달라고 요청하는 그런 기도를 하지 않는다.

만일 당신이 그에게 현재의 체험에 대해서 묻는다면, 그는 틀림없이 자기가 바로 하나님의 중심부에 도달했고, 주님과 함께 있는 것이 너무나 평안하고 기뻐서 어떤 궁극적인 정점에 이르렀음을 확신한다고 대답할 것이다. 그는 현재 자기가 체험하고 있는 상태를 기뻐하는 것, 그것 외에 달리 할 일이 없는 것처럼 보인다.

또 실제 그것이 하나님께서 우리에게 허락하시고, 복음이 선포하고 있는 최고의 정상이라고 믿는 그리스도인들이 너무나 많다.

그리스도인의 생활 속에서 이러한 단계는 얼마나 지속될까? 아마 오래갈지도 모르겠다. 더구나 이 단계에 머물러 결코 넘어가지 못하는 그리스도인들이 또 얼마나 많은가! 이 단계에 있는 그리스도인들은 때로는 모든 사람에게 경탄의 대상이 되기도 한다. 그러다가 끝내 그로 인해 오점을 남기기까지 한다!

이 단계의 그리스도인은 잠깐 동안 메마른 시기를 맞을 수도 있다. 하지만 그 사건은 그를 후퇴하게 하는 것이 아니라 오직 앞으로 그리고 위로 나아가게 할 뿐이다.

그리고 이 그리스도인은 흡족해하고, 자기의 주님을 기뻐하며, 자기가 주님이라고 믿는 모든 것을 즐거워한다. 하지만 주의하라! 만일 당신이 그 신앙인을 이러한 상태로부터 멀리 떼어놓는다면, 그는 자기가 도저히 회복할 수 없는 불행에 빠졌다고 느끼게 될 것이다.

이 단계의 결핍점에 대해서 좀더 깊게 살펴보자.

# 제 5 장
# 죽음을 역사하게 하는 추락의 과정

그리스도인의 심정이 진실로 주님을 향했다면, 그는 모든 것이 의미를 상실하는 그러한 곳에 자신이 있음을 발견했을 것이다.

영혼의 폭포수

이 폭포수(그리스도인)가 산에 머물러 있는 동안에는 여전히 평화롭고 한가하게 즐길 수 있으며, 결코 실패의 생각을 품지 않는다. 그럼에도 불구하고, 바로 자기의 강렬한 체험의 밀도로 인해 이 그리스도인은 점점 더 주님의 중심부 안으로 빨려들어가는 영적 본능을 갖는다. 이것이 바로 믿음의 은사이다. 하지만 자기의 믿음을 표현하려고 애를 쓰는 순간, 자기가 주님 안에서 누리며 의뢰하던 무엇인가가 무의식적으로 멀리 사라지는 것을 느낀다. 물줄기는 여전히 움직인다. 하지만 아직 바다를 향해서 흐르는 것은 아니다. 무엇인가가 잘못된 듯하다. 피할 수 없는 하강을 향해서 이동하고 있었던 것이다.

어쩌면 그 강은 도중에 자기가 있던 산으로 되돌아가고 싶을지도 모른다. 하지만 그것은 이제 더 이상 불가능하다.

앞에 물웅덩이가 나타났다. 거기서 쉬고 싶어한다. 하지만 또 그 앞에는 소용돌이가 있다는 것을 기억하라! 자기가 한번 누렸던 상태를 다시 맛보려고 할 때 이 휴식을 누리는 장소에서 그리스도인은 또 다시 실수를 범한다. 얼마 전 자기가 지나왔던 그 위험스런 추락이 자기를 정화시킨다는 사실을 확신하고 있음에도 불구하고 여전히 무엇인가가 불충분하다. 아직도 이 신앙인의 삶 안에는 무엇인가 정화되어야 할 것이 많이 남아있다. 하지만 이 그리스도인은 여기서 이젠 자기의 고난이 끝났다고 믿는 경향이 있고 또 그런 그리스도인들이 많이 있다는 사실을 나는 당신에게 경고하는 바이다.

가련한 폭포수여! 너는 휴식을 찾았다고 생각하는가.
너는 네 자신의 물 속에서 기쁨을 찾기 시작한다.
너는 물속의 거울에 비친 자신을 응시하며,
자신이 가장 정당하다고 생각한다.
하지만 그토록 가만히 모래 위로 넘쳐드는 밀물에
어느 순간 뜻하지 않게 추락을 당해야 할
너의 까무러침이란…
그것은 네가 이미 경험했던 그 어떤 추락보다도
더 가파르고 길며 더욱 위험스러운 붕괴이다.

이제 이 강은 바닥도 발견할 수 없다. 바위에서 바위로 굴러 떨어질 뿐이다. 왜 그래야만 하는지 질서도 이유도 없다. 다른 사람들은 비명소리만 들을 뿐 아무도 접근하려고 하지 않는다.

오, 폭포수여! 너는 무엇을 하려는가?
이제 너는 가장 엄청난 추락을 겪을 것이기에
네 자신을 잃게 되리라 믿겠지.
하지만 두려워말라, 너는 잃는 것이 아니다.
이번의 추락과 앞으로 다가올 모든 추락은

너의 보다 나은 구속을 위함이라….

　추락한 후, 마침내 이 그리스도인은 자기가 산의 낮은 부분에 도달했고, 평지에 있다고 느낄 것이다. 여기에 또 다시 평온이 깃든다. 이제 그리스도인은 자기의 영적 체험의 또 다른 단계에 들어간 상태이다. 그는 아마도 다시 휴식을 발견할 것이고, 그 휴식이 몇 년간 계속될지도 모른다. 하지만 점차 이 신앙인은 자기가 이미 오래 전에 떠났다고 생각했던 것들에로 다시 마음이 기울어지고 집착하고 있는 자신을 감지하게 될 것이다. 그는 그 사실에 소스라치게 놀란다! 다시 평화는 사라지고, 파괴가 스며든다. 빵 대신 돌만이 있을 뿐이다. 기도는 동의할 수 없는 것이 된다. 자기에게 죽었다고 생각했던 정욕이 되살아난다.

　이 그리스도인은 질겁을 한다. 그는 이미 자기가 추락했던 곳으로 다시 되돌아가거나 아니면 최소한 현재 있는 곳에 그냥 머물러 더 이상 추락하고 싶어하지 않는다. 하지만 산 밑에 도달했기에 산 정상의 경험은 더 이상 없다! 이제 그 영혼은 굉장한 속력으로 돌진해야만 한다. 그 그리스도인은 몇 가지 귀중한 과거의 헌신에 집착하면서 뒤를 돌아본다. 그는 자기의 회심을 의심하고, 자기에게 신앙을 유지하는 법과 주님께 향하는 법을 가르쳐준 사람에게 매달린다. 무엇인가를 하고자 시도하는 모든 것이 그에게 힘든 노동이다. 이런 상태에서 그는 무엇인가 자기가 실수하고 있다는 사실을 감지한다. "내 인생에는 무엇인가 잘못된 것이 있으니까 이런 일이 발생하는 거야! 그럴수만 있다면 바로 잡아야 해!"

이제 이 신앙인은 무엇인가 분명한 사실—그가 주님으로부터 아무런 도움을 받지 않고 있다는—을 바라보게 된다. 하나님을 믿지 않는 자신의 모습에 그는 소스라치게 놀란다. 그러면서 주님의 현존을 느끼지 못하는 자기 자신에게 한탄한다. 그런 그리스도인의 경악에 주님은 얼굴을 향하신다.

그러자마자 그리스도인은 주님께서 자기에게 새로운 축복을 주셨고, 그렇기에 자기가 새롭게 순수해졌다고 믿는다. 그리고 어두운 날은 이제 끝났다고 믿는 실수를 범한다. 이제 자기는 자기 자신의 자아를 참으로 신뢰하지 않게 되었다고….

주님과 갖는 이 새로운 교제는 굉장히 높이 평가된다. 그리하여 혹시라도 잊어버릴까봐 애지중지 다룬다. 그는 이제 더 이상 전처럼 성급하게 흐르지 않는다. 자기가 한 번 잃었었던 그 보물을 또다시 잃고 싶지 않은 것이다. 주님이 자기에게서 멀어질까봐 주님이 기뻐하시지 않는 것에 대해서 더욱 민감하게 반응하며 과거의 어느 때 보다도 더욱 충실하려고 애쓴다.

주님과 교제하며 더욱 조심스럽게 흐름에도 불구하고 그 그리스도인은 그러한 상태가 마치 보장되어 있기라도 한 것처럼 믿기 시작한다. 기쁨도 전에 비해서 훨씬 크다. 이미 상당한 고난을 겪었기 때문이다. 그는 스스로 새로운 길을 주님과 함께 가고 있다고 생각한다. 그는 새로운 휴식을 맞는다.

그러나 어찌 알랴! 그는 더 심한 하강을 하려는 참이다. 지난 번의 것보다 더욱 길고 가파른 추락을….

평화는 사라진다. 너무도 당연히 생명을 주었던 것이 이제는 죽음을 불러온다. 동요는 전보다 훨씬 심하다. 그는 십자가와의 어떠한 관련도 전혀 발견할 수가 없다. 참을성을 갑절로 발휘해 본다. 눈물을 흘리고 신음도 한다. 그러다가 나자빠지고, 주님이 자기를 버렸다고 원망한다. 그러나 그 원망에도 응답이 없다. 고통이 크면 클수록 원망도 커진다. '선해지려는' 모든 노력이 이제 너무 힘겹다. 차라리 그냥 다른 것에로 마음을 돌린다….

그러다가 세상으로 향하는 데 대한 두려움이 엄습하고, 그리스도인으로서의 길에 머물려는 노력을 배로 더 발휘하게 한다. 비둘기가 방주를 떠나 날아갔지만 세상에서 머물 곳을 발견하지 못한다. 비둘기가 돌아올 때가 된 듯하다. 노아는 문과 창문을 닫았다. 여기 저기서 휴식을 찾으려 하지만 발견할 수가 없다. 결국 주님은 자비롭게도 문을 열고 다시 한 번 충만하게 받아주신다….

당신은 이 모든 것이 하나님의 사랑스런 선하심임을 알고 있는가? 이것은 주님이 영혼을 다루시는 방법이다. 주님은 영혼이 그분을 향해서 좀더 빠르게 달려오도록 이런 손길을 보내신다. 그분은 도망치시고 숨으심으로써 신앙인으로 하여금 당신을 끌어당기신다. 그분은 신앙인을 넘어지게 하시다가(겉으로 그렇게 보일 뿐이다) 다시 그를 건져 올리심으로써 그분만이 그런 특권이 있으심을 알게 하신다. 그분은 오직 그분만이 그리스도인의 부인할 수 없는 능력임을 보여주시려고 애쓴다.

만일 당신이 매우 강하고 정열적인 사람으로서 이런 체험을(사랑하기 때문에 주님이 일으키시는 사건, 이것은 제3자에게는 너무도 사랑스런 일이지만 그것을 경험하는 당사자에게는 끔찍하다) 결코 해본 적이 없다면 나는 당신에게 이렇게 말하고 싶다. "당신은 당신 자신이 얼마나 무력한지 그 진정한 한계를 결코 알지 못합니다. 그렇기에 당신은 그분의 도우심이 상상할 수 없을 정도로 필요합니다"라고.

이 가련한 영혼은 이러한 체험을 통해서 자기 자신에게가 아니라 사랑하는 분에게 기대는 법을 배우기 시작한다. 이따금 주님이 자녀를 다루시는 방식이 더 엄격하면 엄격할수록 주님에 대한 열망은 더욱 강하다.

그렇기에 주님이 자기 자신에게서 손을 거두시는 것을 발견할 때 그는 그것이 자기의 실수 때문이라고 믿는다. 그는 그가 만나는 모든 사람과 혹은 모든 것에 있어서 스스로 개선해보려고 발버둥친다. 그러나 그가 달리면 달릴수록 자기가 있던 곳에 그대로 멈춰있을 뿐이다.

오, 사랑하는 주님, 이 영혼들은 분쇄될 수 있습니다. 그리고 그 상태는 그들이 당신에게 가했던 모욕을 보상하려는 수천 가지의 회개보다도 더욱 나은 것입니다.

만일 주님이 이 동요된 상황에 종지부를 찍으신다면 그것은 신앙인을 약간 쉴 수 있게 하시기 위해서일 뿐이다. 자기도 모르는 사이에 그리스도인은 앞으로 나아가고, 휴식과 유예의 시간이 잠깐 다가온다. 그것은 금방 깨질 것처럼 미약하다.

마침내 한 가지 생각이 떠오른다. 그리스도인은 자신 안에 죽어야 할 무엇인가가 있음을 깨닫게 된 것이다. 기도와 헌신, 대화, 모든 것이 그 위에 죽음의 냄새를 지니고 있다. 그리스도인의 심정이 진실로 주님을 향했다면, 그는 모든 것이 의미를 상실하는 그러한 곳에 자신이 있음을 발견했을 것이다.

그토록 오랫동안, 그토록 힘겹게 싸운 후, 이제 일련의 슬픔과 휴식, 죽음과 삶이 연차적으로 다가온다. 그리스도인은 자기 인생에서 발생하는 것을 조금씩 돌아보기 시작한다. 죽음의 시간이 자기를 위해서 역사하고 그 찰나의 시간에 주님께서 자기와 함께 계시며 주님과의 관계 속에서 어떤 놀라운 순수함이 있음을 깨닫는다. 휴식도 더 깊다. 아주 짧았던 생을 살았지만 그 어느 때보다도 참으로 순수하고 심오하다.

그 그리스도인은 주님의 무엇인가가 자기의 존재 속으로 죽음을 역사케한다는 것을 이해하기 시작한다. 그리고 그 모든 것이 전적으로 하나님의 손 안에 있고, 그것은 선한 것임을 깨닫는다.

그리스도인은 주님께서 오시든지 가시든지 그분의 뜻대로 하시게 맡기는 법과 주님의 현존에 사로잡히는 것, 이 모든 것이 평범한 것이 아님을 깨닫기 시작한다.

이제 우리는 이 모든 발견물에 대해서 왜 그런지 숙고해보자! 이 신앙인은 지금, 자기 삶의 좀더 나은 진보를 위해 조금씩 준비하고 있는 중이다. 설사 그 자신은 깨닫고 있지 못한다 하더라도 그는 실제 거대한 바다를 향해서 움직이고 있다. 그의 휴식은 짧아졌고, 더욱 단순해졌다. 즐거움은 줄었지만 그 질은 더욱 강렬하다. 길은 온통 고난으로 가득 찬 것처럼 보이지만 그는 주님이 기쁨을 곁에 확실하게 마련해 두셨다는 사실을 안다. 자기 앞의 그 명백한 기쁨 때문에 전과 같은 단계는 결코 발생하지 않으리라 생각한다.

## 제 6 장
## 타락한 본성을 가차없이
## 제거하시는 하나님의 놀라우신 자비!

주님은 이제 근본적인 불순물들을 찾아내기 시작하신다. 보이지 않는 깊숙한 곳에 자기애가 남겨져있기 때문에 그러한 것들을 찾아내신다.

|| 영혼의 폭포수 ||

당신은 이제부터 내가 말하려는 것이 놀라운가? 폭포수로서 여행을 하는 중 그 신앙인이 막 죽어가며 마지막 호흡을 하려는 바로 그 순간, 그는 갑자기 새로운 능력에 붙들리며 회복된다. 그것은 마치 기름이 떨어져가는 램프불과 같다. 램프의 불꽃은 점점 작아져 곧 죽어버릴 것만 같다. 하지만 다시 살아난다. 물론 그것은 그리 오래가지 못할 것이다.

강은 이제 얼어붙어 고정되어있다. 모든 것이 얼음 뿐이다. 아무런 움직임도 없는 것 같다. 이 강으로 하여금 불을 생각하게 할 만한 열기란 전혀 없다.

우리는 여기서 점잖고 매우 냉정하게 보이는 사랑을 살펴볼 것이다.

당신이 우리를 사랑하는 것은 오직 우리를 떠나기 위해서입니까? 당신은 영혼에게 상처를 입히고, 그 영혼으로 하여금 상처입힌 당신을 따라 달리게 하십니다. 당신은 당신을 좇도록 우리를 끌어당기십니다. 당신은 당신 자신을 우리에게 보여주십니다. 하지만 우리가 당신을 소유했을 때 당신은 이미 멀리 사라지십니다. 그리고서 우리가 극도로 작아져서 당신을 좇아 달리기에는 너무 숨이 차 당신을 놓쳤을 때에야 비로소 당신은 잠깐 당신 자신을 보여주십니다. 그러면 우리는 생명을 회복합니다. 당신은 또다시 떠나고, 죽음은 더욱 가혹한 것이 됩니다. 오, 잔인한 사랑이여! 오 순진한 파괴자여! 왜 당신은 단 한 번에 죽여주시지 않습니까? 당신은 죽어가는 영혼에게 포도주를 주시는군요! 포도주는 생명을 다시 나누어주고 그러면 당신은 또다시 그것을 억지로 앗아가십니다. 이것이 당신의 즐거움이십니까? 당신은 상처를 치유하시고는 또 새로운 상처를 내십니다. 일상적인 죽음은 단 한 번뿐이고 고통도 한 번으로 끝납니다. 그런데, 오, 주님! 당신은 잔인하셔서 수천 번이나 우리에게서 생명을 앗아가셨다가 또다시 새롭게 되돌려주시는군요!

오, 생명이여! 수없이 여러 번 죽지 않고는 우리가 잃을 수 없는 생명… 오, 죽음이여! 그토록 여러 번 생명을 잃지 않고는 우리가 결코 소유할 수 없는 특수하고도 귀한 죽음이여….

주님! 당신은 이 생명의 끝에 이르시겠지만 그것의 유익이 무엇입니까? 몸이 죽을 때 모든 감각도 잃어버립니다. 그러나 영혼은 그렇지 않습니다. 죽음 후에도 고난은 계속됩니다. 죽음보다 더 고통스러운 것은 아무것도 없습니다.

여기 이 상황에서 마치 천사처럼 거룩한 생활을 하던 친구 하나가 바닥도 없는 비탄 속으로 추락하는 것을 볼 때 수많은 그리스도인들은 놀라움을 금하지 못한다. 인간은 이런 모든 것에 대해 설명할 길이 없다. 그들의 신학이나 하나님에 대한 이해도 그것을 설명하지 못한다.

주님을 따르는 자에게 있어 이런 인생의 시점은 오랫동안 지속될 수도 있다. 그렇기 때문에 나는 자신이 매우 빠르게 영적 진보를 했다고 말하는 사람을 만날 때마다 그런 사람은 고지식하다고밖에는 달리 할 말이 없다. 사실 그러한 사람은 완전해 보일지도 모른다. 주님과의 내적인 관계 역시 흠이 없을 수 있다. 하지만 내가 지금 언급하고 있는 이 단계를 자기들이 이미 거쳤다고 생각하는것은 착각이다. 그들은 언젠가 눈을 뜨고, 꿈에도 상상하지 못했던 하나님의 길을 발견한 후 놀라움을 금하지 못할 것이다.

여기서 내가 언급하고 싶은 것은 당신이 이제 막 그리스도와 모험을 시작하고 상당한 진보를 이룩한 젊은 그리스도인이라면, 당신은 당신이 실제 있는 곳보다도 훨씬 멀리 진보했다고 스스로 느끼기가 쉽다는 사실이다! 당신이 아직 도달하지 않은 성장의 단계를 자신에게 적용시키지 않도록 조심하고 또 진실로 있는 것 이상으로 당신의 경험을 통해 확대 해석하지 않도록 주의하라! 이것이 너무도 많은 그리스도인들의 모든 문제의 함정이다.

주님을 제외시키고 스스로 단번에 당신의 영혼으로부터 다른 모든 것을 제거하려고 하지 말라. 그것은 오직 하나님 한 분에게만 맡겨진 일이다. 그것을 당신 스스로 해보려고 시도하는 것은 위험천만하다. 그리고 이것은 참으로 배우기가 어려운 교훈이다. 주님은 그분이 원하시는 것을 당신에게서 정확하게 제거시킬 것이다. 더구나 가장 완벽한 방식으로 행하실 것이다. 그것을 당신 스스로 하려고 하는 것은 하나님의 일에 오점을 남기는 것이다.

주님과의 내적인 동행에 대해서 약간씩 배우기 시작하는 그리스도인들은 아주 많다. 그들은 '모든 것이 제거된 영혼에 대해서' 무엇인가 듣고 그것을 자기도 시도하려고 한다. 그러면서도 그것을 주님께 맡기려 한다고 말한다. 하지만 발전이 없다. 그분은 우리 스스로 옷을 벗기를 원하시지 않고, 또 옷을 입기를 원하시지도 않는다. 우리에게서 무엇인가를 빼앗으시는 분도 그분이고, 우리를 충만하게 하시는 분도 그분이다. 자기 스스로 이런 것을 추구하는 사람은 아무것도 얻지 못한다.

스스로 비우고 곤고하게 하며 자신을 죽이려 하는 시도 자체도 그 행위 안에 생명을 보유하고 있는 셈이다. 그렇다! 당신은 실제 생명의 일부분을 유지하려고 한다. 그것마저도 내려놓아야 하는데 당신은 그것을 붙들고 있는 것이다. 그것은 맹목적으로 자아의 생명을 말하는 무서운 실수이다.

만일 당신이 불을 끄려면 다음 두 가지를 할 수 있다는 사실을 주목해보라. 우선 불을 끄던가 아니면 기름을 넣는 것을 그만두는 것이다. 그러면 등잔의 불은 저절로 꺼질 것이다. 하지만 당신의 선택으로 불을 꺼지게 하려는 것은 이따금 기름을 계속 넣어주는 것과 같다. 그래서 결코 불은 꺼지지 않을 것이다.

이 모든 것을 그분이 하도록 주님께 맡기라! 주님께서 당신을 곤고하게 하실 때 조금 더 고통을 줄이려고 기름을 넣으려고 한다면 그것은 시간낭비이고 당신의 생명 안에서 행하시는 주님의 일을 헛되게 하는 것이다. 당신은 그저 죽음을 연기하는 것 뿐이고, 피할래야 피할 수 없는 장례식을 잠시 미루는 것 뿐이다. 주님께서 당신의 본성의 한 부분으로서 이미 선택하신 죽음과 싸우려고 하지 않는다면 죽음은 생명을 낳을 것이다.

물에 빠졌을 때 어떤 사람들은 얕은 곳에 이르려고 안간힘을 다 쓴다. 그러한 사람은 눈에 띄는 것은 무엇이든지 다 잡으려고 한다. 그러나 막상 힘이 빠졌을 때 그 사람은 결국 익사한다. 당신은 그렇게 극한 상황 속에서 죽지 않으려고 발버둥치는 사람들 중 하나가 아닌가? 당신은 오직 힘이 다 빠졌을 때만 죽으려는가! 이따금 주님은 손과 팔의 감각을 잃게 하시고 심지어 그것들을 잘라내시며 마침내 물밑바닥까지 우리를 가라앉게 하신다. 당신은 온 힘을 다해서 외칠 테지만 그 모든 것은 소용이 없다. 당신은 인정 사정없는 하나님과 대면해 있다. 하지만 그 가라앉는 마지막 고통의 순간에 그분이 당신 자아의 본성에 대해 가차없으신 것은 그분의 놀라운 자비이다. 다른 그리스도인들을 인도하고자 하는 사람들에게 나는 또다시 말하고 싶다. 당신이 그런 자들 중 하나인가? 나는 당신에게 이런 단계에 이른 사람들을 구조하라고 권하지 않는다. 당신은 그들의 마음 안에서 일어나는 죽음의 역사에 전혀 아무것도 기여할 수 없다. 더구나 주님의 전능하신 손 안에서 그들을 효과적으로 구출해낼 수는 더더욱 없다.

만일 그 사람이 주님을 참으로 좇고 주님께 의뢰한 사람 중의 한 사람이라면 사랑은 그 죽어가는 사람에게 매장지조차 주지 않을 것이다.

그 그리스도인이 만일 자기 길을 충실히 간다면 그는 십자가를 또다시 여러 번 만나게 될 것이다. 어떤 때는 심지어 여러 개가 겹쳐 지워질 때도 있다. 만일 당신이 계속 추락해온 그 그리스도인의 과정을 충분히 오랫동안 관찰해왔다면, 그가 영적인 것을 더욱 섬세하게 감각하는 것에 대해 점점 느낌이 거의 없어지는 것을 발견하게 될 것이다. 사실 그 그리스도인은 자기의 고통과 무기력함, 무가치성에 익숙해진다. 그는 스스로 절망하고 하나님의 총애를 잃어버렸다고 생각한다. 그는 심지어 하나님께서 자기의 악함 때문에 그분의 사랑을 거두어가셨다고 생각할 정도다. 기쁨을 되찾을 만한 희망이나 계기는 전혀 없다. 이제 승리의 생활을 하며 은혜가 충만한 그리스도인을 만나는 것은 오히려 고통을 배가시킬 뿐이다. 신앙인은 무성(無性)의 더욱 깊은 심연 속으로 떨어진다.

"나의 두려워하는 그것이 내게 임하고 나의 무서워하는 그것이 내 몸에 미쳤구나!"(욥 3:25)

그는 절규하기 시작한다. "그분을 다시 발견할 희망도 없이 하나님의 사랑을 잃었으니 어쩌면 좋은가? 언제나 영원히 그 모든 사랑을 빼앗긴 것인가? 그토록 사랑스러운 그분을 이제 더 이상 사랑할 수 없단 말인가?"

아! 이것은 영혼의 탄식이고 무너지는 그리스도인의 애가이다.

그 그리스도인은 참으로 자기에게 일어나는 일이 사실이라고 믿는다. 하지만 그는 자기가 지금처럼 그토록 강하고도 순수하게 사랑해 본 적이 없다는 사실을 깨닫지 못한다. 그는 아마도 사랑할 수 있는 원기와 사랑의 느낌, 사랑할 수 있는 능력을 상실했을지도 모른다. 그러나 그는 사랑 그 자체를 잃지는 않았다.

그는 그보다 더 진실되게 사랑해 본 적이 없었다.

물론 곤고한 영혼은 이 모든 것을 믿을 수 없다. 그리고 이 모든 것은 평범한 사실이다. 당신은 이 신앙인이 사랑없이 존재할 수 없다는 사실을 아는가? 만일 그가 하나님을 사랑하지 않는다면 그밖의 다른 것에게로 향해 다른 것을 사랑하려고 할 것이다. 하지만 여기 그 어느 것에서도 기쁨을 취하지 못하는 사람이 있다! 이 사람을 보라. 이 사람은 경주를 포기하지 않았다. 그러나 얼마나 많은 그리스도인들이 경주를 포기하는가! 그는 자기가 하나님없이 죽어가고 있다고 믿는다. 하지만 하나님은 그의 탄식이고, 그의 유일한 분이며 단 하나의 관심이다. 그럼에도 불구하고 그는 이 사실을 보지 못한다.

확실히 그에게는 아직도 죄와 세상에 관한 문제가 남아있기는 하다. 그리고 이것이 그를 매우 슬프게 한다. 그는 자기의 욕망과 무의식적인 잘못에 분노하며 그것들을 끔찍한 것으로 여긴다. 무엇인가 더럽다고 느껴지는 것에 빠지자마자 그는 곧 자기자신을 씻고자 한다.

그 그리스도인은 더 이상 무엇을 할 것인지 알지 못한다. 전에는 자신감이 있는 사람이었고, 하나님의 선물을 전유했었다(하지만 그것은 단순한 자기애에 지나지 않는다). 그는 정말 더 멀리 더 깊이 달려야 한다고 생각했고, 탁월한 능력을 부여받았기 때문에 그러한 짐에 의해서 방해를 받아야 한다고 믿었다. 사실 그가 모든 것을(주님과의 관계에서 갖고 있던 모든 부유함) 잃지 않았다면 그러한 부유함을 잃는다는 두려움 자체 때문에 자기 길을 달리지 못했을 것이다. 하지만 이제 더 이상 그렇지 않은 것은 이미 모든 것을 다 잃어버렸기 때문이다!

이 그리스도인은 한때는 신랑이 기뻐했던 아름다운 신부였다. 그러나 지금은 곤고하게 넝마조각을 걸친 채 눈물을 흘리고 있다. 어떻게 된 것인가?

그것을 설명해 보겠다. 주님은 이 그리스도인의 아름다움을 보셨다. 하지만 그분은 또한 그가 꾸민 자기의 모습에서 쾌감을 느끼며 즐거워하는 모습을 보셨다. 그는 자기가 그분을 바라본다고 생각했지만 사실은 그렇지 않았다. 그분은 그의 아름다움을 빼앗아가셨다. 부요함이 바로 신부의 시선 앞에서 사라져버렸다.

이 사실을 확신하라: "하나님께서 우리에게 주시는 선함과 선물의 부요함 속에서 우리는 우리 자신을 바라보며 쾌감을 누린다는 사실을!"

하지만 자기 신랑이 아름다울 때만 신부 역시 아름답다는 사실을 깨달을 때가 온다. 그리스도가 사라진 아름다움이란 그것이 어떠한 아름다움이든지 간에 그것은 사실 자기에게 두려움만 남겨준다는 사실을 신부는 배우지 않으면 안된다.

처음 주님과의 관계에서 그는 광야나 그 어느 곳으로든지 자기를 인도하는 사랑하는 님을 선뜻 잘 따르려고 하지 않았다. 그는 자기의 아름다움을 망칠지도 모르고 자기 보석을 잃어버릴지도 몰라 두려웠기 때문이다. 오, 그러나 그분은 그의 아름다움이나 선물, 그를 망칠지도 모르는 가능성 등을 전혀 개의하시지 않는다. 그분은 오히려 그러한 아름다움을 멀리 거부하신다. 왜? 보다 더 영광스러운 아름다움 — 신랑의 아름다움을 위해서이다. 그분은 그의 아름다움이 사라졌을 때 그의 벌거벗겨진 모습에 염려하시지 않는다.

이 시절에 주님은 오히려 그의 장식품과 선물, 사랑을 거뒤가신다. 그분은 마치 오셔서 은혜와 선물, 사랑, 즉 그가 느낄 수 있었고, 추구할 수 있었던 사랑을 앗아가시는 것 같다. 그렇다! 이것은 맨 처음의 이별이다. 그분은 갑자기 혹은 점차 주셨던 것을 이제 앗아가시는 것이다 — 갑자기 혹은 점차….

아마도 이 시점에서 그 그리스도인은 상실과 부요함에 대해서보다도 자기 주님의 사랑을 잃은 사실에 더욱 괴로워한다. 자기의 무가치성 때문에 괴로워하는 신앙인은 감히 "주님, 전에 당신이 주셨던 것을 제게 되돌려주세요!"라고 기도하지 못한다. 그는 이 기도에 긍정적인 대답을 얻지 못하리라는 것을 알고 있다. 그 그리스도인이 이제 할 수 있는 것이란 오직 자기의 주님과 그분의 고난을 바라보는 것이다. 오직 흐느낌만이 침묵을 깬다. 하지만 그는 자기의 눈물이 주님의 마음을 상하게 할지도 모른다고 느낀다. 그는 기꺼이 모든 것을 포기하고 선물을 결코 다시 건드리지 않으며 그럴 수만 있다면 자기 주님의 마음을 상하게 하지 않으려고 할 뿐이다. 그러한 그리스도인들은 자기 하나님의 마음을 편안하게 해드리기 위해서 스스로 수 천 가지의 마음자세를 가다듬는다. 그러나 어느 날 그것마저도 그분의 마음을 상하게 한다는 사실을 깨닫는다.

그가 자기의 연약함과 죄, 비천함을 그토록 심각하게 의식한 후 마침내 주님이 다시 오셨을 때 그는 주님이 되돌아오셨다는 것을 거의 믿을 수가 없을 정도다.

하지만 주님이 되돌아오셨을 때 전과 같이 부요하게 오신 것이 아님을 명심하라. 그러나 지금 그 그리스도인은 이 사실에 조금도 개의하지 않는다! 그는 단순히 자기의 사랑하는 님과 함께 있는 시간이 만족스러우며 소중할 뿐이다.

여기에 약간 이상한 역설적 요소가 있다. 주님의 임재가 그 사랑하는 신앙인에게 지속된다면 그는 더욱 쉽게 망각 속으로 미끄러질 것이다. 즉 그는 그렇게 힘들었던 시간을 잊어버릴 것이고, 자기 자신의 비참함에 대한 감각은 사라질 것이다. 그는 한 번 더 주님의 사랑과 애무에 만족감을 누릴 것이다. 기회가 주어지고 주님이 부요하게 되돌아오셔서 좋은 시간을 가졌다면… 그는 틀림없이 다시 헤어지게 될 것이다!

당신이 강건한 그리스도인인지 약한 그리스도인인지 알고자 하는가? 당신이 그 어느 쪽이라도 당신에게 좋을 것은 없다. 당신이 만일 약한 그리스도인이라면 최후의 것들을 놓기가 너무나 어렵기 때문에 다 앗아감을 당하기까지는 오랜 시간이 걸린다. 만일 당신이 강건한 그리스도인이라면 곧 힘이 빠져 싸움이 끝날 것이면서도 끊임없이 갈등하고 있는 자신을 발견하게 될 것이다.

언젠가 당신의 인생에서 주님이 빼앗아가신 것을 되돌아본다면 당신은 그분의 그 위대한 사랑에 놀라움을 금치 못하고, 그분이 이룩하신 그 천재성에 기가 막힐 것이다. 영혼은 그 자체로 꽉 차있고, 자기애를 쥐고 있기 때문에 만일 주님이 우리를 그렇게 다루시지 않는다면, 진정한 진보는 전혀 없다.

아마도 당신은 이렇게 물을 것이다: "하나님의 선물이 그렇게 빼앗는 것이라면 왜 그분은 그것을 우리에게 주셨는가?"라고···.

그분은 그분의 기막힌 선함으로부터 우리에게 선물을 주시고, 선물을 통해서 우리를 죄로부터 끌어당기신다. 그리고 신앙인을 다른 모든 창조물에 대한 집착으로부터 끊어내시며 그럼으로써 그분께 향하도록 하신다. 그분이 우리에게 선물과 부요함, 축복을 주시지 않았다면 우리 영혼들은 [영원히] 죄인으로 남아있을 것이다.

하지만 그분이 그토록 은혜롭게 주신 그분의 선물로 인해 승리하면서도 우리는 우리가 그토록 비참한 존재에 지나지 않는다는 사실을 깨닫지 못하고 또 우리가 자기 찬미 안에 포장되어 있음을 보지 못한다. 우리는 주님에게서 시선을 떼고 선물로 향한다. 주신 분으로부터 선물을 향해 우리는 여행을 떠난다. 자기애는 우리 모두 안에 깊이 뿌리박혀 있다. 주님의 선물은 그저 자기애를 증가시키는 데 이용될 뿐이다. 아마도 선물은 세상에 대한 사랑과 다른 것에 대한 사랑으로부터 우리를 떼어내어 하나님의 사랑에로 향하게 할 것이다. 하지만 그것은 어떠한 방식으로도 우리 자신에 대한 사랑과 매력에 대해서는 영향력을 발휘하지 못한다.

신앙인은 하나님의 선물을 자기애의 대가로 생각한다. 아마 그 선물로 인해 그는 주님과 더욱 친근해질지도 모르겠다. 하지만 자기가 막 빠져나온 노예신분과 수천 가지의 사실을 망각하기가 훨씬 쉽다.

그렇다면 왜 주님은 우리를 즉시 구출하시지 않는가? 대답은 전적으로 오직 주님 한 분 안에 놓여있다. 만일 당신이 그러한 질문을 하면서 대답이 없다고 마음이 상한다면 당신은 여행을 하고 있는 것이 아니다. 그러한 질문에 대한 대답이 당신에게 절대적으로 필요하다면 여행을 포기하라. 당신은 결코 즉시 답을 얻을 수 없다. 그것은 이 여행이 불가지의 대답이 없는, 그 모든 것보다도 가장 이해할 수 없는 부조리한 성질의 여행이기 때문이다.

이제 그리스도인은 주님께서 하나님의 선물을 앗아가신 그러한 자리에 와 있다. 우리는 그가 자기애를 인정하고 자기가 전에 생각했던 것만큼 자기가 부유하지 않다는 사실을 깨닫기 시작했음을 안다. 그는 자기가 깨달은 것 이상으로 자기를 높이 평가했음을 알고, 부요함은 신부가 아니라 오직 신랑 자신에게만 속한다는 사실을 알고 있다. 또 주님이 자기에게 주신 것을 잘못 사용했음을 깨달았기에 주님이 그것들을 되돌려주시지 않아도 기쁠 수 있다고 주님께 고백한다! 그는 오직 자기가 그리스도의 부요함만으로 부요할 수 있기를 바랄 뿐이다.

어떤 그리스도인들은 하나님의 선물을 잃어버림에 기쁨을 누릴 수 있다. 왜일까? 그들은 자기를 얽어매었던 수많은 것들로부터 해방되었다고 느끼기 때문이다. 그는 지금 영적인 진보로 밝게 둘러싸여있다.

우리는 그 그리스도인이 조금씩 박탈당한 채 벌거벗기우고 있음을 보게 된다. 이것은 점차 이루어진다. 그는 자기의 잃어버림을 아랑곳하지 않는데 주님을 섬기는 것이 이제 더 이상 자기의 대단한 우선권 중의 하나가 아니기 때문이다. 그는 아무런 꾸밈없이 그리고 선물과 섬김없이 주님을 기쁘게 해드리고 싶어한다.

이제 그는 오직 평화로운 상태만을 희망한다. 하지만 그 평화로운 상태가 지속되지 않으리라는 사실도 말해두는 바이다. 주님은 더욱 앗아가려고 오실 것이다. 그리고 더욱 빼앗길 때 그 가련한 영혼은 어떻게 해야 할지 갈피를 못잡을 것이다.

"아!"하고 그는 외칠 것이다. "저는 당신이 제게 주신 당신의 모든 부요함과 선물, 심지어 달콤한 사랑까지도 다 빼앗겼습니다. 하지만 최소한 저는 몇 가지 미덕의 외적 행위와 작은 애덕의 행위들은 할 수 있었습니다. 당신은 지금 저를 벌거벗긴 채 버리시렵니까? 제가 저의 옷을 잃어버리면 저는 벌거벗기우고, 그러면 저는 어쩌면 당신을 더욱 원망하게 될지도 모릅니다. 오 주님, 그런데도 당신은 그렇게 잃어버리도록 저를 내버려두실 겁니까?"

진실로 그분이 하시도록 동의하라!

당신은 아직도 당신 자신에 대해서 모른다. 당신은 당신이 입었던 옷이 당신 자신의 것이고 그것을 당신이 원하는 대로 사용할 수 있다고 믿는다. 하지만 주님은 당신에게 이렇게 말씀하신다: "너는 지금 '주님, 이 옷은 제가 당신을 위해서 했던 행위의 대가와 제가 당신을 위해서 한 수고의 대가로 얻은 것입니다' 라고 말하고 있구나!" 그것들을 버리라, 사랑스런 영혼이여!

그 영혼은 옷을 지켜 입고 있으려고 별별 수를 다 쓸 것이다. 하지만 벗기려는 손길은 계속 끊이지 않는다. 물론 그 손길은 서서히 다가온다.

그리스도인은 자기의 아름답고 순조로웠던 날들의 기억을 잊기 시작한다. 또다시 더 깊은 상실감에 빠지면서 이러한 상실이 자기 안에 있는 엄청난 잘못의 결과라고 믿는다. 그는 정말로 하나님의 현존 앞에서 아무런 할 말이 없다. 조금씩 그는 자기의 것이 아무것도 없으며 — 절대적으로 아무것도 — 모든 것은 신랑에게 속해있음을 깨닫는다. 조금씩 전적인 자기불신이 생기기 시작하며 점차 조금씩 자기애가 죽기 시작한다.

아, 하지만 자기애를 멈추는 것과 자기 자신을 미워하는 것은 별개의 문제이다. 그는 모든 것을 빼앗긴 문제가 사소한 것이라고 생각했던 때를 기억한다. 하지만 지금 그는 자기 자신을 전혀 가치가 없는 자로서 간주하고 있다(그전에는 그렇지 않았다). 과거에도 그렇거니와 미래에도 자기가 영광스러운 흰 웨딩드레스를 입을 만한 가치가 전혀 없는 자임을 안다. 그리스도인은 마침내 본래 그랬던 대로 벌거벗은 채 그대로 드러나있다. 이 사실이 너무도 부끄러워 곤혹스러울 뿐이다. 그는 감히 주님의 현존 앞에서 걸어다닐 수가 없다.

그는 이렇게 생각한다: "최소한 나의 벌거벗음이 나 개인에게만 드러나고 다른 사람들에게 감춰질 수 있다면 덜 괴로울텐데!…" 이제 탄복은 사라졌다. 세상은 이 신앙인에게 관심도 없을 뿐 아니라(혹은 그의 무기력함에 오히려 조소를 보낼 것이다), 세상은 아예 그의 존재조차 망각한다.

이 신앙인이 체험하는 것은 참으로 믿어지지 않는 추락이다. 그는 이중으로 혼란을 겪는데 그는 자기에게 있었던 모든 것을 다시 갖게 되리라는 것을 알고 있기 때문이다. 다시 옷을 입게 되리라는 약간의 희망을 갖고 있기는 하지만 그러나 그렇게 하기 위해서 무엇을 해야 할지 전혀 모른다.

여기 한때는 자기가 꽤 영적으로 성숙하여 섬김의 단계 중 거의 완성점에 이르렀다고 믿었던 그리스도인이 있다. 그러나 지금 그는 자기가 그런 생각을 했었다는 사실조차 기억하지 못한다. 하지만 바로 지금 이 시간들이야말로 그 진실된 사람이 흰 드레스에 감싸여 있는 날들이다.

그렇다면 여기서 우리는 무엇을 보고 있는가? 모든 것을 앗아가시고 아름다움을 추함으로 바꾸어놓으신 주님은 이제 그 추함을 파괴하신다. 확실히 이제는 끝이겠지! 하지만 아니다! 아직도 끝이 아니다.

이 단계에서 그리스도인은 선물과 은혜, 사랑, 섬기고픈 욕구, 선을 행하고 이웃을 도울 수 있는 능력조차 다 빼앗기도록 복종했었다. 신성한 것을 제외하고는 모든 것을 잃었다. 하지만 과연 이것을 위해서 불림을 받았단 말인가?

하나님의 선물과 은혜를 빼앗기고 벌거숭이가 된다는 것은 끔찍한 일이다. 그것을 체험해보지 않은 사람은 그것을 믿을 수 없다.

내가 지금 언급하고 있는 것은, 그리스도인에게 있어서 미덕이 자신의 미덕일 때 그 미덕은 더 이상 미덕이 아니라는 사실이다. 미덕이 오직 예수 그리스도일 때만 미덕은 되찾아진다. 이제 영혼은 모든 것을 잃어버린 것 같다. 즉 주님의 아름다움을 제외한 모든 것을….

설명하기가 어렵지만, 지금까지 이 모든 것이 박탈당하도록 고난을 겪고 있는 신앙인은 그럼에도 불구하고 이러한 모든 일이 일어나도록 허락하신 분이 바로 그분 자신이라는 사실에 매우 유의한다. 때때로 그는 반항에 직면하기도 하지만 반항하지는 않는다. 주님을 느낄 수 있는 모든 것을 잃어버렸지만 주님께 대항하지 않는다. 아가서의 말씀처럼 그는 이렇게 말한다.

성중에서 행순하는 자들이 나를 만나매
나를 쳐서 상하게 하였고(아 5:7).

그리스도인은 욥처럼 자기 자신 안에서 썩어가는 상태를 본다. 욥이 그랬던 것처럼 그도 울부짖음을 느낀다: "오, 하나님의 노가 그치기까지 내가 지옥에서 숨어있으리라." 그 영혼은 하나님의 순수성으로 압도당한다. 그는 가장 작은 불완전성의 티끌마저도 엄청난 죄라고 느낀다. 이것이 자기의 불완전성에 대한 일반적인 느낌이다. 그를 짓누르는 것은 특별한 잘못이 아니라 자기 자신의 전적인 무가치성에 대한 느낌이다. 모든 잘못은 말할 것도 없거니와 자기의 동기와 마음 자체가 결코 순수할 수 없다고 고백할 수 있는 가능성만 있을 뿐이다.

여기서 잘못된 것은 무엇인가? 한 가지, 자기 주님과의 관계가 자기의 행복만을 향해 있다는 점이다.

그는 어느 정도 완전함의 단계에 다다랐는가? 아니, 전혀 그렇지 않다. 죄와의 관계는 어떠한가? 종종 그는 무엇인가 행한 후에 그것이 죄라고 인정한다. 그 순간 그는 주님께 도움과 용서를 구한다.

하지만 그는 이제 자기의 영혼을 미워하는 경험의 단계 속으로 돌입한다. 자기의 영혼을 알기 때문에 이제 그것을 미워하기 시작한다. 인간이 갖고 있는 이 세상의 모든 지식과 독서를 통해서 혹은 갖가지로 습득될 수 있는 모든 지식, 정보는 자기 영혼을 결코 미워하게 하지 않는다. 자기 자신을 미워하는 것은 무한하게 깊은 비참함에 관한 지식만이 영혼에게 부여할 수 있는 유일한 경험이다. 영적인 지식인 이 지식 안에만 참된 순수성에로 가는 길이 있다. 갖가지 방법으로 몰아냈던 불순물들은 지워지지 않고 다만 감추어져 있을 뿐이다.

주님은 이제 근본적인 불순물들을 찾아내기 시작하신다. 보이지 않는 깊숙한 곳에 자기애가 남겨져있기 때문에 그러한 것들을 찾아내신다.

이것에 대한 예화를 들어보자. 여기 갖가지 불순물을 가득 빨아들인 스폰지가 있고, 당신이 그것을 빤다. 그 스폰지를 짜내지 않고는 당신이 그것을 깨끗하게 할 수 없다. 하지만 아무리 빨아도 그 모든 불순물을 다 지울 수는 없다. 그것을 꽉 짤 때 안에 부패되어 있던 것과 불순물이 튀어나온다. 이것이 바로 지금 주님께서 그 신앙인에게 하시는 작업이다. 가장 깊숙이 감추어져 있는 것은 하나님이 바로 지금 이후부터 하시는 작업이다.

그 그리스도인은 그분이 자기 인생에서 새로운 죄를 찾고 계신다고 생각한다. 하지만 오히려 그 반대이다. 발견된 그것은 가장 오래 전부터 보이지 않게 숨겨졌었던 것일 뿐이다. 그것이 이제서야 발견되고 눈에 띔으로써 제거되려고 하는 것이다!

그럼에도 불구하고 그리스도인들은 한결같이 자기가 더 깊은 육신과 죄성의 나락으로 떨어졌다고 믿는다. 그토록 오랫동안 깊이 감추어져있던, 너무도 불결한 것이 이제 겨우 표면상에 드러난 것 뿐인데도 마치 그러한 죄들과 불순물들이 지금 즉시 생겨난 것처럼 개탄한다.

주님은 이러한 끔찍한 것들이 표면상에 드러날 때 당신이 겪어야 하는 아픔에는 아랑곳하지 않으신다. 끔찍하기는 해도 자기애를 처리할 다른 방법이 없다는 것을 아시기 때문이다. 지금까지 자기애는 아름다운 옷으로 포장된 채 깊이 감추어져 있었다. 자기애가 당신의 존재 속에 더 깊이 스며있고 감추어져 있으면 있을수록 그 파괴력은 훨씬 더 심하다. 왜? 그 해악을 알지 못한 채 존재하는 당신의 모든 외적인 모습이 너무도 고상하기 때문이다.

이렇게 감추어진 것들의 발견, 그 자체가 깨끗하게 하는 체험이다! 영혼은 그 안에 무엇이 있는지 알 필요가 있다. 참으로 자아의 본성이 무엇이며 어떻게 생겼는지 바로 그 바닥까지 알 필요가 있다.

우리는 또한 많은 사람들이 이 상태에 있는 당신을 이상하게 바라보리라는 것도 알고 있다. 왜냐하면 이제 당신이 가장 커다란 잘못이라고 생각하는 것을 그들은 그리스도인의 생활 중 가장 아름다운 미덕이요 힘이라고 항상 간주해왔기 때문이다! 그들은 또한 당신이 모든 것을 상실할 때 미덕 그 자체도 상실했다고 믿을 것이다.

또 다른 사람들은 외적으로 드러나는 당신의 표면적인 잘못를 지적하려 들 것이다. 그리고 영혼의 가장 내적인 부분으로부터 하나님이 찾아내신 그러한 잘못들은 오히려 그들 인간의 눈에는 완전한 것으로 비춰진다. 신중함과 지혜로움 등 수천 가지 것들을 열거하면서 그들은 당신에게 그것들을 소중하게 간직하라고 말할 것이다. 많은 위대한 영혼들은 대단히 위대한 미덕을 갖추고 있다. 하지만 내가 지금 언급하고 있는 그리스도인은 전혀 그렇지 않다. 그가 갖고 있는 것이란 고작해야 연약함 중의 연약함, 무기력함 중의 무기력함 뿐이다. 다른 그리스도인은 자기가 본 것을 향해 앞으로 나갈 수 있고, 위대한 것으로 생활해 갈 수 있을지 모르겠다. 그러나 이 그리스도인은 자기가 갖고 있는 것으로서가 아니라 내적으로 자기에게서 제거되어진 것들에 의해서 나아갈 뿐이다.

그는 모든 것을 잃었다!

다른 그리스도인들이 하는 것은 탄복을 받지만 이 그리스도인이 하는 것은 실패 뿐이다. 그가 행하는 모든 것이 다 가로막혀 있다. 그가 만지는 것마다 오점이 남는다. 성공하는 것이 아무것도 없고 어떠한 것에도 인정을 받지 못한다. 주님은 그를 어디로 데려가시는 것일까? 신랑 안에 있는 모든 행복을 찾아보아도 그에게는 전혀 없다.

당신이 이것을 경험해보기 전까지는 전혀 믿을 수 없을 테지만 인간의 본성이 그 자체로 남겨질 때 할 수 있는 것이란 오직 이런 것 뿐이다. 이따금 나는 본래 그 자체로 남겨진 우리의 본성은 다른 모든 악령보다도 더욱 나쁘다고 느껴진다.

하지만 나는 이 비참한 상태에 있는 그리스도인이 하나님으로 인해 흔들리며 동요되고 있는 모습까지도 버리라고 말하지는 않겠다. 전혀 그러라는 뜻이 아니다. 오히려 지금만큼 그가 주님에 의해서 그토록 잘 떠받쳐지고 있던 적은 전에 결코 없었다고 나는 생각한다.

그 가련한 상태에도 불구하고 그에게 일어나는 가장 좋은 것이란 하나님께서 그분의 잔인하심을 보여주신다는 사실 뿐이다! 주님은 신앙인의 진보를 도우시고자 하실 때 신앙인을 죽음의 경지까지 내어두신다. 그러다가 죽음을 유예시키실 때 신앙인은 한 번 더 기쁨을 회복한다. 그러나 그 유예는 신앙인의 연약함 때문인데 그렇게 하시지 않으면 다른 모든 영성을 잊어버릴지도 모르기 때문에 주님은 유예시키시는 것 뿐이다.

자기의 목표지점을 향해 달려가는 경주자로서의 신앙인은 오직 휴식과 양식을 공급받을 때만 제외하고는 달리는 것을 결코 멈추지 않는다. 휴식과 양식의 공급은 그의 본래적인 연약성 때문에 필요하다. 신앙인 안에서 무엇인가가 죽어 사라지는 때가 온다. 그것은 경주의 거의 마지막 지점에서 일어나는 현상이다. 그것은 무엇인가 안에서 일어나는 일종의 불가사의한 죽음이다. 마치 태양이 우리의 반구에서 사라지는 것과 비슷하다. 저물 때 태양은 더 이상 보이지 않고 바다 속으로 사라진다(이 현상은 아주 잠깐 동안 일어난다). 이때가 바로 그리스도인이 또 다른 죽음으로 넘어가는 찰나인데 그때 그는 자기 안이 얼마나 소란스러운지 깨닫기 시작한다.

이 상태의 그리스도인을 다른 신앙인이 즉 주님과의 내적 동행에 있어서 상당히 진보된(혹은 그렇게 보이는) 다른 그리스도인들과 관련지어보는 것도 흥미있는 일이다.

이 가련한 영혼은 다른 신앙인들이 수많은 승리로 장식되었다고 생각한다. 신랑이신 주님께서 이런 신앙인들에게 여러 가지 장식품을 달아주신 것은 분명하다. 이 비탄에 잠긴 그리스도인은 그것을 깊이 탄복하며 무(無)의 심연 안에서 자기 자신을 본다. 그러면서도 전에 그토록 아름답게 보였던 그런 모든 것들을 갖고 싶다는 욕구는 전혀 느끼지 않는다. 그것들의 무가치성을 너무도 뼈저리게 느끼기 때문이다. 그렇지만 다른 사람들이 주님과 사랑을 나누는 것을 볼 때 기쁨을 느낀다.

이 긴 여행을 처음 출발했을 때 이 신앙인은 하나님의 현존을 질투했었고, 항상 주님이 자기 곁에 계시기를 바랐었다. 지금 그는 주님이 자기를 바라보고 있지 않아도 은혜롭다. 그러한 시선을 주님께 강요하지 않기 때문이다. 그는 이제 새롭게 발견한 자기의 벌거벗은 모습과 죽음, 부패성 안에서 아무런 선도 발견할 수 없는 시점에 이르렀다.

주님은 이 영혼을 벌거벗기셨다. 주님 자신이 친히 그의 옷이 되시려고!

"주 예수 그리스도로 옷입으라"(갈 3:27).

그분은 그분 자신이 친히 이 신앙인의 생명이 되시려고 그를 죽이신다.

"만일 우리가 그리스도와 함께 죽었으면 또한 그와 함께 살줄을 앎이로다"(롬 6:8).

개인적인 미덕의 상실은 다른 모든 상실과 마찬가지로 점차 진행된다. 그 종국은 완전한 절망과도 같다. 이 신앙인은 자기의 외관적인 미덕에 대한 희망을 잃을 뿐 아니라 심지어 자기애마저 그 힘을 잃어버린다.

이 특수한 단계에서 나오는 기도는 매우 고통스럽다. 사실 그가 기도를 잘 하지 못하는 것도 놀라운 일은 아니다. 기도 안에는 무엇인가 달콤하고 깊은 평안이 있어 그 평안이 기도를 유지할 때가 있다. 하지만 하나님은 이런 평안을 거두어가셨다. 기도도 마치 빼앗긴 것 같다. 그리스도인은 자신이 결코 기도하지 않는 신앙인들과 같다고 생각한다. 하지만 단 한 가지, 차이점이 있다면 그는 상실의 고통을 느낀다는 사실이다.

이러한 여정에 있는 그리스도인은 이따금 다른 길로 갈 수도 있다. 하지만 그것은 순간적인 충동 때문이다. 설사 곁길로 간다 하더라도 만족이 없고 다만 쓰디쓴 비애만이 있기에 즉시 돌이킬 수밖에 없다.

하지만 또 한 가지가 남아있다!

하나님의 모든 자녀들 안에는 무엇인가가 있다. 그것은 이상한 비밀과도 같이, 죽음과 무기력함 속에서도 위로를 주는, 무엇인가 평온한 어떤 것이다. 그것의 요소가 어떤 것이든지 그것은 신앙인의 가장 깊숙한 부분 안에 있는 것으로서 섬세하면서도 매우 강력하다. 이제 그것은 그토록 많은 순수한 그리스도인들이 그리스도교의 궁극적인 목표이며 모든 신앙인이 수고한 대가라고 생각하는 바로 그것이라 할 수 있다. 주님을 따르는 자들이 자기의 깊숙한 존재 안에서 증언(자기가 하나님의 아들이라는 증언)하는 것을 제외하고 실제 원하는 것은 바로 이것이다. 모든 영적인 것이 이 단순한 경험 안에 집중되어있다. 아! 하지만 이것마저도 포기되어야 한다. 다른 모든 것들이 요구되듯이 이것도 역시 예외가 아닌 것이다!

마침내 우리는 죽음이 이 신앙인 안에서 참으로 역사하는 지점에 이르게 되었다. 그렇다! 어떤 무엇인가가 아직도 남아있다면 영혼이 경험하는 비참함은 죽음이 아니다. 사실 죽음을 불러오는 데 가장 필요한 것은 아무리 심오하고 세미한 것일지라도 전혀 감각이 없어야 한다.

이것은 매우 두려운 시간이기도 하다. 가슴에는 고뇌가 있을 수 있다. 사실 가슴에 남겨진 단 하나의 것은 오직 생명뿐이고, 말할 수 있는 것은 오직 죽음에 대해서 뿐이다.

비참함에 대한 이 감지하기 힘든 힘과 경험은 죽음을 일으키는 다음의 두 가지 요소 뒤에 온다.

이때 다른 무엇보다도 필요한 것 하나는 그 신앙인은 충실해야 한다는 사실이다. 이때는 역경과 박탈당한 벌거벗음의 기간이다. 그리스도인은 위안과 새로운 활력을 찾으려고 발버둥치며 어디든지 향하려고 한다. 그는 의도적으로도 다른 그리스도인들처럼 행동하지 못하기에 자기 나름대로 위안을 얻어보려고 무진 애를 쓴다.

만일 당신이 이런 사람을 만나고 있는 그리스도인이라면 그는 당신에게서 무엇인가 위안과 지도를 얻으려 하지 않겠는가? 그러나 조심하라! 자기의 엄청난 불완전함을 새롭게 발견한 그의 상태를 무마시키거나 약화시키는 언사는 전혀 하지 말라. 사랑과 관용, 순수한 것을 그에게 공급하라. 당신이 다루고 있는 이 사람은 자기가 자기의 내적인 상황을 거의 조정하지 못한다고 스스로 느끼고 있는 자임을 명심하라. 그를 정상적인 상황으로 되돌이켜 놓으려고 하는 노력 자체가 그의 건강과 마음, 내적 생명을 더 잘 파괴할 수 있다. 가혹하게 대하지 말고 어린아이 다루듯 하라.[1]

하지만 여기서 내가 말하는 것은 아주 특수한 단계, 오직 그 단계에만 적용시키는 것임을 주의하라.

그런데 왜 주님은 이런 내적인 감각의 요소까지도 앗아가시는 것일까? 그것은 이런 감각과 영적 직관을 불완전한 작동에서부터 해방하여 보다 깊은 내부로 삽입시키기 위해서다. 그러면 어떻게 주님은 이 사람을 보다 깊숙한 내부 안에서 더욱 완전하게 세우실 수 있을까? 그가 인지작용과 심지어 외부적 감각에 의지하는 것조차 절단시키심으로써… 그분은 이제 신앙인을 너무도 온화한 내적 길을 가게 명하심으로써 그 방향으로 나아가는 대가를 치를 때 조차도 즉 모든 것을 잃어버리게 될 때 조차도 그는 그 사실을 거의 인지하지 못한다.

---

1) 여기서 귀용 부인의 충고는 매우 현명하다. 본인이 목회하는 동안 이러한 상태에 이른 그리스도인들을 1명 혹은 2명 정도밖에 만나 보지 못했다. 그들로 하여금 자기들이 처해있는 상황을 이해하게끔 도와주는 것 외에 내가 그들에게 줄 수 있는 충고는 (1) 울부짖으라, (2) 위로를 주는 찬송가를 많이 들으라, 이것밖에 없다. - 편집자 주 -

이때 주님은 매우 역설적인 것을 시행하실 때가 있다. 때로는 외적인 감각을 일깨우실 때도 있기 때문이다. 하지만 그것들은 모두 하나님을 사랑하고 그분의 목적을 위해서 함께 작동한다. 한 번 더 그는 어떤 상태에 있든지 자기 자신을 불신하는 법을 배운다. 그리고 뭐가 뭔지 이해하지 못하는 친구들에게 그 영혼은 단순히 이렇게 대답한다.

"내가 일광에 쬐어서 거무스름할찌라도 나를 흘겨보지 말라"(아 1:6).

이제 우리는 그의 매장지인 바다를 향해 곤두박질치는 그리스도인의 다음 단계로 나아갈 것이다.[2]

---

2) 자기 스스로 착각하여 자기가 이 지점까지 이르렀다고 생각하고 자기 등을 두드리면서 자족해하는 그리스도인들이 있다. 그들은 이렇게 중얼거린다: "그래, 난 이 모든 것을 이해해… 그래, 난 이 모든 것을 경험했어… 그래 나는 그런 드문 그리스도인이야." 하지만 사랑하는 자여! 당신의 지나친 영적 자긍심을 채우는 것은 너무도 엄청난 실수이다. 귀용 부인은 이러한 상태에 있는 사람들이야말로 가장 단순한 초보자라고 간주했다! 귀용 부인이 진정한 영적 진보라고 부른 것이 어떤 것인지 깨달을 수 있을 때까지 기다리라! 이제 더 이상 그 그리스도인은 다른 어떤 것에서도 아무런 흥미를 느끼지 못한다. 애덕의 사업에도 관심이 없고, 확실히 그것을 행할 힘도 없다. 아마도 혐오감이 느껴질지 모른다. 그리고 고통도 느껴질 것이다. 이제는 오직 무기력만 남을 뿐이다. - 편집자 주 -

# 제 7 장
# 마침내 옛자아가 무덤에 이르다

시체도 한 줌의 잿더미일 뿐 아무것도 아니다. 이 영혼은 이제 더 이상 자기의 환경 때문에 괴로워하지 않는다. 이 낯선 자에게 환경은 뭐라 설명할 수 없는 자연스러운 것이 되어 가기 때문이다.

‖ 영혼의 폭포수 ‖

폭포수는 우리가 상상할 수 있는 갖가지 모든 종류의 폭풍우와 흔들림을 이제 막 지나왔다. 바위에 부딪히면서 폭포수는 포효한다. 이 바위에서 저 바위로, 한 단계에서 다른 단계로 굴러떨어진다. 하지만 지금까지 우리의 시야에서 떠난 적은 없었다. 결코 시선에서 사라지지는 않았다. 그러나 바로 이 시점에서 폭포수는 깊은 동굴 속으로 돌입하기 시작한다. 이제 오랫동안 보이지 않는다. 아마도 우리는 이 폭포수를 잠시 후에 보게 되긴 하겠지만 그것은 오직 깊은 소용돌이 속으로 사라지는 것을 보기 위해서 잠깐 그럴 뿐이다. 우리의 시선에서 사라진 강물은 심연에서 심연으로 추락한다(마침내 바다의 심연 속으로 추락하겠지만 거기서 자신을 잃은 채 결코 다시는 자신을 발견하지 못하고 바다의 한 부분이 될 것이다).

수없이 많은 깊음과 끊임없는 가혹함을 당한 뒤에 그리스도인은 마침내 사랑의 팔에 안겨 마지막 숨을 거둔다. 자기가 그 팔에 안겨 쉬고 있다는 사실조차 모른 채….

여기서 우리가 말하고 있는 것이 무엇일까? 강물에 비유된 이 인격적 사람은 이제 단순하면서도 섬세하게 모든 욕망과 성향, 선택을 잃어버렸다. 이 폭포수가 죽음에 더욱더 가까우면 가까울수록 그는 더욱 연약해진다. 죽음은 불가피하지만 생명이 있는 한, 희망은 있다. 하지만 이제 더 이상 희망이 없다. 폭포수는 지상 아래로 떨어지고 더 이상 시야에서 보이지 않는다.

이 신앙인은 매우 심한 절벽에서 추락하는 경험을 했었다. 그러나 지금 떨어지는 곳은 그런 절벽이 아니다. 오히려 눈에 보이지 않는 심연이다. 이제 해방될 기미가 전혀 없는 비참함에 부딪힌다. 이 심연 속에 처음 들어갈 때는 그것이 그다지 깊어보이지 않는다. 하지만 그 안으로 들어가면 들어갈수록 더욱 무시무시하고 끝이 없는 곳일 줄이야!

인간이 죽은 후에도 여전히 살아있는 자 가운데 남아있음을 당신은 알고 있을 것이다. 그는 죽었다. 하지만 없어지지는 않는다. 그래서 우리는 여전히 여기서 어떠한 삶을 감당하고 있는 영혼을 본다. 그것은 마치 시체 안에 아직도 남아있는 아주 미지근한 체온과 같다.

여기서 나는 무엇을 말하려는가?

그 영혼은 아직도 경배하고 기도하려고 시도한다. 하지만 심연이 깊어질수록 점점 그러한 시도는 멀어진다. 그는 하나님을 잃을 것이 틀림없다. 아니, 적어도 그렇게 여겨진다. 그에게는 자기가 주님을 잃었다는 생각이 명확하다. 그것도 단 몇 달이나 몇 년이 아니라 영원히… 자기가 전생애 동안 체험한 주님을 잃었다는 것! 영원히….

한때는 세상이 두려웠었다. 그러나 지금은 세상이 그를 두려워한다! 그가 따르던 신앙인들처럼 그 역시 다른 사람들에게서 어떠한 존경을 받을 때도 있기는 하다. 하지만 결국 그들이 이 가련한 영혼을 땅 속으로 내동댕이치고 이젠 더 이상 누구의 뇌리 속에도 남아있지 않게 된다.

만일 인간이 자기 몸이 매장될 때 어떤 일이 발생하는지 볼 수 있다면 엄청난 스트레스를 받을 것이다. 하지만 영혼은 그 모든 것을 볼 수 있고, 그렇기 때문에 전율한다. 그러나 할 수 있는 것이란 아무 것도 없다.

신앙인은 자기가 매장당하고 흙으로 덮이는 것을 고통스러워한다. 이 시점에서 신앙인은 자기 자신에 대해 공포스러워하기 시작하는데 그 이유는 하나님이 분명히 자기를 포기하셨고, 어쩌면 영원히 버렸다고 믿어지기 때문이다. 그러면 그는 무엇을 할 수 있는가? 그는 그저 단순히 매장지에 누워 참고 기다릴 수밖에 없지 않은가….

이 영혼은 이제 매장지에서 얻을 수 있는 것은 거의 아무 것도 없음을 깨닫는다. 어쩌면 거기서 그렇게 영원히 있어야 할지도 모른다…. 아니 그곳이 자기를 위해 확고히 마련된 장소라고 정말 믿게 된다. 세상은 더 이상 그 사람에 대해 말하는 법이 없다. 그는 은혜의 생명을 잃은 시체 외에 달리 아무것도 아니지 않은가. 그러면서도 그 영혼은 이 상태를 참을성있게 견디어낸다. 그런데 놀랍게도 다음에 올 상태를 바라볼 때 무엇인가 달콤한 어떤 것이 있다.

지금 그 시체는 썩고 있다….

그전에는 나약함과 실수를 경험했었다. 그러나 지금은 자기 부패성의 깊이를 체험하고 있다. 이 신앙인은 자기에게 발생하는 모든 것 안에서 완전히 소멸되어야 할 것들을 발견하는 그런 상태에 다달아있다. 고통과 비웃음, 모순 등 이 모든 것들에도 이제 더 이상 마음이 움직여지지 않는다. 하나님의 아들의 고난에 관한 묵상조차도 그에게 와닿지 않는다.

이 상태에서는 아무런 치료책이 없다. 그저 단순히 그 상태를 견딜 뿐이다.

아마도 그는 이렇게 한탄할 것이다. "최소한 하나님만이라도 나를 보시지 않는다면 나는 먼지로 돌아가는 이 과정을 견딜 수 있다. 그러나 나의 상태가 그분을 얼마나 슬프게 만들겠는가!" 만일 주님이 나의 부패성을 보았기 때문에 나에게서 등을 돌리셨다면 차라리 즐거울 것만 같다.

이 부패의 기간은 오래 지속될 것인가? 아니면 아주 짧을 것인가? 역설적이게도 그는 오랜 시간 그렇게 머물기를 갈망해야만 하는 상황에 처해있다. 더 이상 썩을 것이 없을 정도로 모든 것이 썩어 단순한 먼지로 돌아가려면 최소한 몇 년간은 그렇게 있어야 하지 않는가. 그후에야 먼지는 먼지로, 재는 재로 돌아갈테니까.

이제 심연 속으로 추락한 이 가련한 강물은 더욱 깊고 깊은 곳으로 흘러간다. 합당하고 적절한 해결책이 다 바닥날 때까지.

지금의 폭포수를 맨 처음 근원에서부터 흘러나와 즐겁게 평원을 적시고 개천을 이루며 흘렀던 때와 무엇이 다른지 차이점을 비교해보자. 그런데 또 소스라치게 놀라운 추락이 앞에 남아있다.

그러나 이 길이 그의 정해진 운명이다.

이즈음 아주 흥미로운 일이 발생한다. 이 영혼은 이 상황에 익숙해지기 시작한다. 그는 아무런 희망없이 또 거기서 탈피하고 싶다는 생각조차 전혀 없이 그냥 머물러있다. 이 상황을 호전시키기는 완전히 불가능하다. 마음 속에 감춰져 있던 어떠한 의욕도 말살되어 먼지처럼 사라져간다. 최소한 자아의 어두운 것들이 없어지기 시작한 것이다.

시체도 한 줌의 잿더미일 뿐 아무것도 아니다. 이 영혼은 이제 더 이상 자기의 환경 때문에 괴로워하지 않는다. 이 낯선 자에게 환경은 뭐라 설명할 수 없는 자연스러운 것이 되어가기 때문이다.

이 신앙인은 이제 아무것도 바라보지 않는다. 마치 더 이상 살고 있지 않는 사람처럼 또 다시는 결코 살지 않을 것처럼… 확실히 이 그리스도인은 자기의 본성을 공포스러워했었다. 하지만 지금은 아무런 반응도 없다. 전에는 하나님과의 연합에 대한 두려움과 하나님을 불경스럽게 대할지도 모른다는 공포심이 있었다. 그러나 지금은 실제 그것이 현실이 되어버렸다…. 고통이나 기쁨을 느끼게 하는 아무런 감각도 없다. 잿더미는 일종의 평안 속에 놓여있다. 물론 그 평안 속에도 희망은 없고, 재 속에도 희망은 없다. 그전에는 자기의 쇠약함을 의식했었다. 아주 조금이라도. 그러나 이제는 쇠약하게 살고 있을 뿐 아무것도 그의 마음을 움직이지 못한다.

마침내 존재하지도 않는 것처럼 보이는 이 그리스도인 안에 그의 잿더미 속에 일종의 불멸의 씨가 발견된다. 그 안에 모든 것이 배태(胚胎)되어 언젠가 때가 되면 살아날 씨 같은 것이 있다. 그러나 분명한 것은 이 사실을 그 자신은 모른다는 것이다. 그는 자기가 다시 살아나거나 소생하리라고는 전혀 생각지도 못한다.

이 사람에게 신앙이 있는가? 신앙마저도 매장되도록 버려졌고, 으깨어졌다. 죽은 사람에게 무슨 신앙이 남아있겠는가!

당신은 그 부패의 악취를 가리려고 스스로 향을 뿌릴지 모르나 그 가련한 영혼은 그렇게 하지 않는다. 당신은 당신이 있는 곳에서 스스로 떠나 외면하고 도피하려고 할지 모르겠다. 그러나 멀리 도피하거나 달콤한 다른 향을 사용함으로써 그 상태에서 빠져나오려고 하는 것은 당신 자신을 속이는 것이다. 하물며 주님도 악취나는 당신을 참아주시고 견디시는데 어떻게 당신이 당신 자신을 참지 못하고 견디지 못해 도피할 수가 있는가!

만일 이 상태에 있는 사람을 도와주고 싶어하는 다른 그리스도인이 있다면 그가 무엇을 할 수 있을까? 우선 그 사람의 마음을 무마시키는 언사는 절대로 피해야 한다. 단순히 그의 마음을 그 상태로 유지되게만 하라. 그렇지 않으면 자기 자신에 대한 실망 때문에 자포자기할지도 모른다. 여기에는 골수를 저미는 고통스러움이 있다. 다른 고통들은 매우 표피적이지만 이 고통은 매우 깊게 스며든다. 그러나 그에게 동정심을 보이지 말라! 외관상으로 그가 느끼는 상태 그대로 내버려두라. 그 상태야말로 하나님이 가장 기뻐하시는 상태이고 그러한 잿더미 속에서야말로 새로운 생명이 탄생하기 때문이다.

아무것도 아닌 비존재로 축소되어가는 그 사람은 그 상태에서 빠져나오거나 전과 같이 살려고 발버둥치지 않는다. 자기가 처한 상황이 이제 더 이상 존재하지도 않는 것처럼 보이기 때문이다.

이제 마침내 급살로 흘러가는 이 강물은 바닷속으로 돌진한다. 바다에서 자기 자신을 잃음으로써 다시는 자기 자신을 발견할 수가 없을 때까지… 그는 바다와 하나가 되었다.

무슨 일인가가 발생하려고 한다. 이 죽은 자 안에서 무엇인가가 조금씩 조금씩 꿈틀거린다. 하지만 아직은 자기가 체험하는 것에 대한 감각이 없다. 어느 정도 잿더미가 소생되면서 새로운 생명이 움튼다. 하지만 이 모든 과정은 매우 천천히 진행된다. 그렇지만 그 사건이 진행되고 있는 당사자에게 그것은 꿈같은 환희의 비전 이상이다. 그것을 이렇게 비유로 설명할 수 있으려나? "여기 있던 한 무더기의 재가 꿈틀꿈틀 벌레처럼 생기를 입으며 몸을 틀고 있다!"라고….

우리는 지금 마지막 과정에까지 왔다. 그러나 이것은 마지막 과정의 처음 시작에 불과하다. 진정한 내적 생명의 첫 시작일 뿐 다름이 아니다. 이 마지막 과정 안에서의 단계 역시 셀 수 없이 많다. 이 영혼이 앞으로 나아갈 수 있는 단계는 끝이 없다. 격렬하게 소용돌이치는 강물이 바다 속으로 뛰어들면 뛰어들수록 그만큼 더 바다와 닮아가며 단순히 바다 안에 거하게 된다.

# 제 8 장
# 매일 죽음으써 곱게 빻아지는 알곡

하나님으로부터 오는 행위는 인간의 힘으로 이루어지는 어떠한 행위보다 희귀하고 값지다. 자기의 영적 생명 안에서 이 단계에 이른 신앙인들은 순간순간 자기가 행하는 것에 흡족하기에 세상사람들이 위대하다고 생각하는 것을 행하려고 애쓰지 않는다.

영혼의 폭포수

밀의 알곡은 우리의 영적 생명에 관해서 무엇인가를 계시해주는 것이 있다.

먼저 쭉정이는 알곡과 분리된다. 이것은 당신의 회심과 죄로부터의 분리에 관한 비유라고 할 수 있다. 알곡이 분리된 후, 그 알곡은 시련과 십자가를 통해서 부숴지고 곱게 빻아져야 한다. 고운 밀가루가 될 때까지 그러나 그 과정은 끝이 없다. 밀가루가 되는 과정 속에서 무엇인가 이물질들은 다 제거되어야만 한다.

밀가루는 주물러서 반죽되어야 한다. 밀가루가 주물러질 때는 검게 보인다. 하지만 그것은 반죽되기까지 거치지 않으면 안될 본질적인 과정이다. 또 반죽된 것은 불에 구워져야만 한다. 구워진 후에도 그것은 왕의 구미를 끌어야 한다. 구미를 끌 뿐 아니라 실제 왕에게 먹혀져야 한다.

이것이 당신의 영적 여행의 아주 이색적인 면을 보여주는 예화이다. 이것은 하나님과의 연합과 인격의 변화 사이의 차이점을 보여준다.

변화되기 위해서 당신은 당신 자신이 지닌 모든 소유물을 잃어버려야만 한다. 그랬을 때 하나님의 성품에 더욱 깊게 참여하게 되기 때문이다. 여기까지 나아오는 사람은 많지 않다. 그렇기 때문에 사람들은 십자가나 인격의 변화에 대해서 별로 말하지 않는다. 누구나 자기가 잘 모르는 것에 대해서는 잘 말하지 않는 법이다.

어떤 사람이 하나님 안에서 자기 자신을 잃을 때, 그 사람은 아주 평범해 보인다. 다른 사람들과 외양적으로 달라보이는 것은 아무것도 없다. 물론 그의 자유로움은 제외이다….

이 자유로움은 이것과 자기 자신이 경험한 자유가 전혀 다르지 않다고 주장하는 사람들을 종종 분개시키기도 한다. 그들은 자기가 경험하지 않은 것은 무엇이나 다 나쁜 것이라고 생각하는 경향이 있다. 그러나 그들이 정죄한 이 자유는(단순하고 유치한 자유라고) 보통 거룩하다고 여겨지는 것 이상으로 훨씬 더 위대한 거룩함이다! 어떤 신앙인 안에서 하나님의 성품을 통해 이루어지는 행위는 그것이 아무리 작은 것일지라도 인간의 힘으로 이루어진 어떠한 영웅적인 행위보다도 하나님께서 훨씬 더 받으심직하다.

하나님으로부터 오는 행위는 인간의 힘으로 이루어지는 어떠한 행위보다 희귀하고 값지다. 자기의 영적 생명 안에서 이 단계에 이른 신앙인들은 순간순간 자기가 행하는 것에 흡족하기에 세상사람들이 위대하다고 생각하는 것을 행하려고 애쓰지 않는다.

하나님은 자기를 잘 아는 사람들을 선택하셔서 감춰두신다. 그들을 평범한 생활 속에 감춰두시지만 그들이야말로 하나님의 기뻐하시는 자들이고 그분 홀로 아신 바 된 사람들이다. 하나님은 이러한 개개인들을 통해서 나타나시는데 그들은 주님이 자기 안에 계시다는 것을 알기 때문이다.

이 보석은 필요하기 전까지는 계시되지 않는다. 그럼에도 불구하고 하나님은 그러한 사람을 통해서 일하시기 때문에 이따금 다른 사람들의 눈에 뜨일 수가 있다.

그러므로 이 사람들 모두가 다 감춰져있는 것은 아니다. 또 눈에 띈다고 해서 그 사람들이 항상 자기 힘으로 행한다고 말할 수도 없다.

당신의 주님은 이러한 사람들 주위로 사람을 모으시고 그들은 종종 생명을 다른 사람들과 나눌 수 있다. 그들은 당연히 사람들을 예수 그리스도께로 설복시킨다.

그러나 외모가 천사처럼 보인다해도 이 상태와 거리가 먼 사람들이 있다. 이 과정 속으로 충분히 들어가려면 상당히 긴 시간이 걸린다(하나님은 당신의 전능함 안에서 빠르게 진행시키실 수도 있지만 그러한 경우는 매우 드물다). 우리 안에서 행하시는 그분의 일은 우리의 전일생에 걸쳐 계획된 것이다.

그분께 완전히 굴복한 사람인가 아닌가라는 평가는 하나님께 얼마나 쓰임을 받았느냐에 따라 평가할 수 있는 것은 아니다. 그리스도가 신앙인 안에 더욱 깊게 뿌리가 박히면 박힐수록 그는 자기의 하나님과의 관계에 대해서 덜 자의적이다.

계속 성장하라! 당신의 영이 더욱 넓어지고 더욱 깊어지게 하라! 하나님은 당신의 영을 날마다 더 넓히실 수 있다. 당신은 폭포수처럼 그분 안에서 점점 더 팽창할 수 있다. 당신 자신을 더욱 바다로 흘러가게 하라! 어떻게 하나님 안에 거하는지 어떻게 하나님이 당신 안에 거하시는지 당신은 결코 완전히는 규명하지 못할 것이다.

하나님 안에서 자기자신을 잃어가는 과정은 사람마다 다른 속도로 진행된다. 하지만 각각의 모든 사람들은 완전히 충족될 수 있다. 물론 사람에 따라 용량이 더 큰 사람이 있고 작은 사람이 있다. 한 컵의 물과 주전자의 물은 모두 꽉 찼지만 그 용량은 다르다. 사람들은 모두 저마다 하나님의 충만함을 받을 자기의 용량이 있다. 그러나 놀라운 것은 하나님은 매일매일 이 용량을 더 크게 늘리실 수 있다는 사실이다

당신이 내적인 은혜로 살면 살수록 아무런 노력을 기울이지 않았음에도 불구하고 당신의 영은 성장한다. 그분의 성품이 더욱 충만하게 당신 안에 거하게 하라. 그분이 당신을 넓히시는 만큼 그분은 당신을 채우신다. 이것은 공기와 마찬가지인데 조그만 방의 공기보다 좀더 큰 방의 공기가 더욱 많은 것과 같다. 방을 넓히라. 거기에는 공기가 더욱 많다. 이와 마찬가지로(아무런 변화를 느끼지 못한다 하더라도) 당신의 영은 점점 더 확장되고 불어난다. 그런데 어떻게 이런 일이 가능할까? 매일 죽는 법을 배움으로써만 가능하다. 그러나 어려움은 우리의 옛 자아가 죽음을 거부한다는 사실에 있다.

우리는 어떻게 죽으면서 동시에 성장할 수 있는가? 이것은

모순이 아니다. 당신의 독특한 개성인 당신의 혼은 작고 한정되어 있다. 하나님은 당신이 그분의 선물을 받을 수 있게끔 하기 위해서 당신을 정결케 하고 변화시켜야 할 필요가 있으시다.

당신의 영은 영원하고 끊임없이 확장된다. 당신은 전례없이 확대적인 방식으로 하나님을 체험할 수 있다. 당신의 혼의 욕망은 그것이 아무리 선할 것일지라도 이러한 확장의 길목을 가로막고 서있다. 이 길목을 가로막고 있는 것은 죽어야만 할 것들일 뿐 당신의 독특한 개성은 아니다. 당신은 당신의 옛 본성을 죽게끔 해야 한다. 그래야만 하나님 안에서 더욱 깊이 당신 자신을 잃을 수 있기 때문이다. 그분 안에서 성장할 수 있는 능력에는 한계가 없다.

## 영혼의 폭포수

# 제 9 장
# 부활의 새 생명을 탐험하라

부활의 생명은 점점 더 팽창되고 그래서 당신은 하나님의 성장 안에서 자라게 된다. 그분으로부터 흘러넘치는 부요함이 당신 안에 채워진다. 그분은 당신이 이제부터 그것에 힘입어 사랑하게 될 바로 그런 분이다.

영혼의 폭포수

**폭** 포수가 바다로 떨어진다해도 얼마간은 그 폭포수의 물과 바닷물은 서로 구별된다. 하지만 점차 이 강물과 바닷물은 서로 섞여 나중에는 완전히 하나가 된다. 그것처럼 당신의 변화는 하룻밤 사이에 이루어지지 않는다. 조금씩 조금씩, 한 단계 한 단계 당신 자신의 생명은 잃어진다.

　완전히 썩은 육체에게서 남겨진 것은 한 줌의 먼지와 재뿐이다. 그러나 옛생활에 대해 죽을 때 그 사람을 그 사람이게끔 하는 모든 독특함이 잃어지는 것은 아니다. 오히려 그 반대이다. 이 죽음을 통해서 당신은 참된 당신이 될 수 있는, 진정한 자유를 얻게 된다.

　이제까지 그에게 발생했던 것은 흔적인 옛본성을 벌거벗기고 깨끗케 하는 것이 전부였다. 우리 안에서 하나님이 일을 하시려면 이 모든 작업이 필요하다.

　폭포수가 바닷 속으로 밀려들어갈 때 자기의 모양은 잃어버린다. 그것처럼 하나님의 성품이 보다 풍성하게 당신 안에 살게 하려면 당신 옛본성의 어떤 부분들은 사라져야 한다. 당신이 그분의 성품으로 살 때, 당신을 떠받치고 있는 것은 바로 그분의 생명이다.

　폭포수가 일단 바다 속으로 자기 자신을 비우고 나면 그때부터 바다의 모든 보물을 소유하게 된다. 폭포수가 바다 속으로 자기 자신을 비워내면 낼수록 폭포수는 더욱 충만해지고 더욱 영광스럽게 된다.

이 죽음의 체험을 통해서 신앙인은 생명에로 되돌아가기 시작한다. 이 새로운 생명을 탐험하라! 이 생명은 당신이 전에는 전혀 경험해보지 않은 것이다.

이 생명을 발견한다면 당신은 진정으로 이렇게 말할 것이다:

"흑암에 행하던 백성이 큰 빛을 보고 사망의 그늘진 땅에 거하던 자에게 빛이 비취도다"(사 9:2).

에스겔 선지자도 마른 뼈들이 살을 입는 것을 볼 때 이 부활을 예시했다.

당신을 붙들기 시작하는 이 비밀스런 능력을 발견하는 것은 참으로 놀라운 일이다. 당신의 한 줌 재가 재생하기 시작하는 것이다. 새로운 나라가 당신을 오라 손짓한다. 당신이 무덤에 있었을 때 당신이 할 수 있는 유일한 것은 그저 조용히 그곳에 머물러 있는 것 뿐이었다. 그러나 지금은 가장 경이로운 기쁨이 솟구친다…. 당신 앞에 일어나는 일을 두려워하지말고 믿으라.

이 시점에서 당신은 이렇게 말할지도 모른다: "아마도 무덤에 구멍이 뚫려 한 가닥 태양빛이 새어들어오나보다. 하지만 밤이 되면 틀림없이 태양이 다시 저물겠지…."

사랑하는 신앙인이여! 당신을 붙드는 그 강하고도 은밀한 능력을 기뻐하라! 당신은 새로운 생명을 받게 될 것이다. 믿으라!

이 상태를 잃을 수도 있을까? 물론 그럴 수 있다. 하지만 당신은 그러지 않도록 강한 반발을 나타낼 수 있어야만 한다.

이 새로운 생명은 옛 생명과 같지 않다. 여기 "하나님 안에 생명이"(골 3:3) 있다. 여기에 그분의 생명이 있다. 이제는 당신이 사는 것이 아니라 당신 안에 그리스도가 살고 행하시며 일하신다(갈 2:20).

부활의 생명은 점점 더 팽창되고 그래서 당신은 하나님의 성장 안에서 자라게 된다. 그분으로부터 흘러넘치는 부요함이 당신 안에 채워진다. 그분은 당신이 이제부터 그것에 힘입어 사랑하게 될 바로 그런 분이다.

이 시점에서 당신은 당신이 전에 행했던 모든 것을 되돌아보기 시작한다. 그것이 아무리 위대한 것일지라도 그것은 당신 자신의 행위일 뿐이다. 당신은 이제 당신 스스로는 아무것도 하려 하지 않을 것이다. 당신은 새생명에 붙들렸다. 이 새생명을 취하되 당신 자신을 하나님 안에서 잃으라. 하나님의 생명으로 살라! 그분 자신이 생명이기에 당신은 더 이상 다른 어떤 것도 바랄 것이 없다.

우리가 얻은 것을 잃은 것과 어떻게 비교할 수 있으랴! 당신이 얻은 것은 '창조주'이고 잃은 것은 고작 '피조물' 뿐이다. 당신은 모든 것을 얻기 위해서 아무것도 아닌 것을 잃은 셈이다. 당신이 하나님을 기업으로 받는 데는 한계가 없다! 그분의 생명을 체험할 수 있는 당신의 능력은 다만 아주 조금씩 성장하게 될 것이다. 당신이 일단 소유했었다가 잃어버린 모든 것이 하나님 안에서 당신에게 다시 돌아오기 시작한다.

벌거벗김을 당했던 사람은 자기가 벌거벗었던 정도까지 다시 부유하게 생명에로 되돌아갔음을 기억하라. 그가 잃으면 잃을수록 그만큼 더 얻게 된다. 그것은 바다 속으로 자신을 비우는 폭포수와 마찬가지이다. 그 폭포수는 자기의 새로운 고향에서 한량없이 무한정 탐험하며 팽창한다.

그러나 이러한 체험을 하려고 애쓰지는 말라. 다만 그분의 성품 안에서 자라가라! 그분께서 친히 당신 안에서 일하신다. 그분이 당신 안에서 일할 때 당신은 하나님이 당신 삶 안에 어떠한 환경을 허락하시든지 유유히 받아들일 수 있다. 하나님이 당신에게 주시는 모든 것을 선한 것으로 받으라! 잔치 때나 굶주릴 때나 당신에게는 모든 것이 마찬가지다. 그렇듯 모든 상황이 다 똑같은 것은 신앙인은 모든 것의 배후에서 하나님을 보기 때문이다.

당신이 점점 성장하며 익숙해질 때 이 하나님의 생명은 자연스러워진다. 이 새로운 생명의 길로 나아가도록 당신 자신을 포기하라! 그러나 그럴려고 바둥대지는 말라.

물론 순간적인 불충실함 때문에 하나님으로부터 떨어지는 일은 있을 수 있다. 그렇다고 당신이 하나님 안에 있는 당신의 위치로부터 추락된 것은 아니다. 다만 당신의 영 안에서 당신을 그분과 완전히 하나가 되게끔 하는 하나님의 부드러운 움직임을 놓친 것 뿐이다.

당신은 하나님을 어떻게 찾을까 또 그분과 떨어지면 어떻게 할까 하는 걱정을 할 필요가 없다. 당신은 이미 하나님 안에 거하고 있다. 하나님을 잡으려고 시간을 낭비하지 말라. 그분은 이미 당신 안에, 당신의 상황 속에 거하고 계신다. 그 전에는 선한 일을 하기 위해서 덕을 실천할 필요가 있었다. 그러나 이제 당신의 행위는 하나님 안에 그 근원이 놓여있다.

만일 어떤 사람이 바닷물에 완전히 잠겨있다면 바다의 어떤 곳은 다른 곳보다 탐험하기에 좀더 적당하거나 유리하지 않을지도 모른다. 그렇듯이 당신과 당신의 주님과의 관계도 그러하다. 당신 안에 있는 생명 홀로 당신을 운반하게 하라. 그것으로 충분하다.

당신은 무엇을 해야만 하는가? 단순히, 내주하시는 주님께서 하라고 당신의 마음을 움직이는 것을 행하기만 하면 된다. 당신 앞에 다가오는 모든 상황을 끌어안으라. 그 상황이 어떠하든지 항구적이고 변하지 않는 평안이 당신의 것이 될 수 있다.

## 영혼의 폭포수

# 제 10 장
# 내가 사는 것이 아니라
# 내 안에 그리스도가 사시는 것이다

생명을 죽음과 비교해보라. 당신이 죽을 때 당신은 육체로부터 당신 자신이 분리되는 느낌을 갖는다. 하지만 혼이 육체와 일단 분리된 후에는 어떠한 물리적인 감각도 없다. 다만 죽은 채 당신의 환경으로부터 분리될 뿐이다.

영혼의 폭포수

**당**신이 이미 이 길에 접어들었다면, 이 생명은 전에 완전히 육신 안에서 살던 생명과 어떻게 다른가? 전에 당신을 움직였던 것은 당신의 인간적인 본성이었다. 이제 당신은 평화롭고 충족적인 방식으로 당신의 생명을 살며 당신에게 요구되는 것을 행한다.

하나님 홀로 당신의 인도자여야 한다. 당신이 포기해야 할 '무엇인가'가 나타날 때 당신의 뜻을 하나님께 포기하라. 당신의 뜻이 이제 더 이상 당신을 지배하지 않을텐데 당신은 하나님께 뜻을 포기했기 때문이다. 그분의 뜻으로부터 나오지 않은 욕망은 당신에게 어떠한 힘도 발휘하지 못한다. 다만 그것들이 사라지게 하라. 당신이 영으로 살 때 당신으로 하여금 길을 잃게 했던 헛갈리고도 모순적인 느낌이나 성향이 없어지기 시작한다. 폭포수는 이제 더 이상 자기의 길을 가지 않는다.

그의 마음을 가득 채우는 이 놀라운 충족감은 과연 무엇일까? 바로 하나님 자신이다. 당신을 그토록 만족시킬 수 있는 것은 하나님 외에 다른 아무것도 없다. 당신의 모든 생각을, 비록 그것이 아무리 통찰력있는 것일지라도 당신의 것이라면 무엇이든지 다 버리라!

당신 안에서 일하시는 하나님의 손길을 어떤 것으로도 어둡게 가리지 말라! 비록 지식이나 지성, 인간의 사랑으로라도… 어떤 것이 실제 당신 안에서 죽어간다. 과거의 생활방식 중 어떤 것들이 사라졌다. 이제 당신은 '감정의 결핍' 상태를 체험할지도 모른다. 그러나 그것은 당신이 무덤 안에서 알았던 것과는 매우 다르다. 무덤 안에서 당신은 세상과 단절된 채 죽은 사람처럼 생명을 빼앗겼었다. 하지만 당신의 주님은 당신의 이 모든 조건을 뛰어넘어 당신을 인도하신다. 당신은 빼앗겼다는 느낌을 갖지 못할 것이다. 자기가 잃지 않은 것을 어떻게 빼앗겼다고 느낄 수 있겠는가? 죽음에는 우리를 공포와 혐오로 주춤거리게 하는 무엇인가가 있다. 반면, 생명은 영광스러운 것이다. 신앙인은 일으켜 세워졌고, 생명을 부여받았다. 이 생명은 감각을 통해 유지되는 것이 아니라 영원한 생명의 샘으로부터 흘러나온다. 이 영원한 생명이 바로 당신 안에 계신 그리스도이다.

생명을 죽음과 비교해보라. 당신이 죽을 때 당신은 육체로부터 당신 자신이 분리되는 느낌을 갖는다. 하지만 혼이 육체와 일단 분리된 후에는 어떠한 물리적인 감각도 없다. 다만 죽은 채 당신의 환경으로부터 분리될 뿐이다.

당신이 죽음으로부터 일으켜 세워졌을 때 당신은 당신 안에 새생명을 갖는다. 하나님이 당신을 죽은 자 가운데서 부활시키셨을 때 당신은 하나님을 당신의 영의 영으로서 당신 생명의 생명으로서 체험하게 된다. 그분은 바로 당신 생명의 중심부, 당신 생명의 근원이다. 그렇다면 당신은 당신 안에 있는 하나님의 생명으로부터 살고 행하고 걷는다.

하나님과 분리된 즐거움을 경험하거나 하나님을 찾기 위해 시간을 내서 무엇인가 시도하려고 할 때 혹은 어떤 시련이나 고통에 몰두할 때 그것은 어쩌면 그분의 생명 안에서 걷지 않으려고 하는 것인지도 모른다. 당신의 영은 하나님의 영과 너무나도 얽혀있기 때문에 당신은 그분을 당신과 떨어지고 분별된 사람처럼 경험하지 못한다. 다만 당신과 깊게 연합된 사람처럼 체험할 수 있을 뿐이다. 그분은 당신 안에서 당신 자신보다도 더욱 활동적이실 수 있다.

만일 사람이 먹지 않고도 살 수 있다면 우리는 그렇게 살려고 할 것이다. 먹거나 먹지 않거나 항상 배가 부르다면 먹는 것이나 먹지 않는 것이나 마찬가지이기 때문이다. 이러한 경험은 죽음과 비슷하기는 하지만 차이점이 있다. 당신이 아파서 거의 죽게 되었을 때 느껴지는 식욕결핍증은 병에서 온 것이다. 그러나 먹지 않아도 배부른 경우는 병 때문에 식욕을 잃은 것과는 다르다. 만일 사람이 공기로만 살 수 있다면, 자기가 어떻게 배불러지는지 모른다해도 그저 호흡하는 것으로도 포만감을 느낄 것이다. 허기짐은 없을 것이고 따라서 굳이 먹을 필요도 없을 것이다. 그가 호흡하는 공기가 자연스럽게 그의 생명을 지탱시켜줄 것이다.

그렇듯이 당신도 하나님에 의해서 둘러싸여 생명이 지탱된다. 참으로 당신이 당신의 자연스런 환경 속에 놓여있다는 것을 기억하라. 당신은 당신이 그 목적을 위해 만들어진, 그러한 대기 속에서 숨쉬고 있다. 당신은 새로운 종류의 평안을 느낄 것이다. 무덤 속에서도 당신은 여전히 평안하고 침착했다. 마치 매장된 상태, 그곳에서 휴식을 취하는것처럼. 그것은 사납게 폭풍우가 몰아치는 바다 가운데서 죽은 사람이 느끼는 그러한 종류의 평정이다.

바다의 사나운 폭풍을 발견할 수 있는 곳은 소용돌이치는 파도의 가장 높은 지점이다. 당신이 산꼭대기에 있을 때 산 위의 어떤 것도 당신에게 닿을 수 없다.

이 경험은 사납게 폭풍우가 몰아쳐서 바다의 표면이 폭풍을 당할 때 당신은 바다 밑에 잠겨있는 것에 비교될 수 있다. 바다의 깊숙한 곳은 정적에 싸여있다. 우리 외부의 감각은 고통을 느끼며 괴로워할 수 있다. 하지만 우리 영의 가장 깊숙한 부분은 아무런 방해를 받지 않는 안식 가운데 머문다.

그렇다고 당신이 항상 믿음에 충실한 것은 아니다. 당신의 옛 생활습관으로 되돌아갈 때도 있을 것이고 또 얼마든지 그럴 가능성이 많다. 그럼에도 불구하고 당신은 하나님 안에서 상당한 진전을 이룰 것이다. 바닥없는 바다의 심연 속으로 떨어지는 사람은 더욱 그윽하고 더욱 아름다운 보물들을 발견하기 위해서 그곳에 영원히 잠길 수 있다. 그렇듯이 우리도 그렇게 하나님 안으로 깊숙이 추락하는 것이다!

## 제 11 장
## 예수 그리스도로 옷 입었으니 주 안에 거하라

사람은 감정에서 나오는 깊은 비밀스러운 것을 나누기 위해 진정한 사랑을 받고 있다는 것을 느낄 필요가 있다. 그래서 그의 삶에서 그를 위한 하나님의 신비로운 뜻이 어느 날 그에게 일어나게 되는 이상한 경험으로까지 발전해 나갈 수 있게 된다.

영혼의 폭포수

하나님께 충실하기 위해서 당신은 무엇을 해야만 하는가? 아무것도 없다. 정말 아무것도 없다! 오직 하나님께서 당신의 생명이 되시게 하라! 오직 하나님만이 당신을 움직이도록 허락하라. 그분께 저항하지 말라. 당신 안에 있는 그분 생명의 자연스런 흐름에 의해서 계속 살라. 지금 이 순간에 살고, 어떠한 사건도 그것에 더해지거나 빼지 않고 있는 그대로 펼쳐지게 하라. 당신 안에 있는 하나님의 생명, 그 본능적인 영감에 의해서만 인도받는 법을 배우라. 당신의 주님이 당신의 길을 만드신다. 그분이 당신에게 요구하는 모든 것을 그분 자신이 직접 성취하시게 하라. 당신이 할 일은 그저 단순히 이 상태 안에 머무는 것 뿐이다.

당신이 자신의 힘으로 행위를 하려고 할 때, 당신은 당신 안에 있는 하나님의 생명에 불충실하게 될 것이다. 당신의 힘에 의지하는 것을 습관이 되지 않게 하라. 아무런 구조책도 잡으려 하지 말고 당신 자신을 죽게 버려두라.

죽어가는 사람은 자기의 고통을 덜기 위해 무엇이든지 걸머지고 싶어한다. 그러나 그에게 도움이 될 만한 것은 아무것도 없다. 그는 결국 단념하고 죽음에 자신을 내맡긴다. 그가 죽은 후에 그에게 영향력을 발휘할 수 있는 것이란 정말 아무것도 없다.

생명을 잃게 되는 순간에 봉착했을 때 그것에 순응하라!

당신은 이 세상의 모든 것을 지배하지 않고도 모든 것을

소유할 수 있게 될 것이다. 당신에게 남겨진 모든 것은 다 쉬운 것들이다:

"하나님의 능력으로 하나님의 길을 따라 하나님이 기뻐하시는 것을 행하라!"

믿음의 충실함은 그저 '아무것도 행하지 않음'이 아니다. 믿음의 충실함이란 오직 그분의 생명으로부터 행하는 것이다. 이 상태에서 우리는 우리 자신의 길이 아니라 오직 하나님의 길만을 갈망한다. 행위마다 다 근원이 다를 수 있다.

당신 안에서 이루어지는 주님과의 연합 가운데 당신이 아무런 실수를 범하지 않으리라고는 생각지 말라. 당신은 실수도 범할 것이다. 그리고 그것을 전보다 더 명확하게 볼 것이다. 그러나 당신이 범하는 잘못들은 아주 중대한 죄라기보다는 미세한 표류 같은 것들이다. 당신은 아주 작은 결핍조차도 명확하게 볼 수 있다. 이러한 불완전성 때문에 죄의식을 갖지는 말라. 그리고 이러한 잘못을 없애기 위해 무엇인가를 하려고도 하지 말라.

당신이 잘못을 범할 때 당신은 자기 위에 덮이는 먼지구름을 필름처럼 느끼게 될 것이다. 이 먼지구름을 없애려고 하지 말라. 그러한 노력은 당신이 정상적으로 회복되는 것을 오히려 지연시킬 뿐이다. 지나치게 당신의 잘못에 집착하는 것은 잘못 그 자체보다도 당신의 영적 상태에 더욱 해롭다.

이때 "하나님께 돌아가야 한다"라고 느끼지는 말라. 당신이 돌아가야 한다고 말한다면 그것은 당신이 주님과 떨어져 있었다는 것을 암시한다. 아니다. 그렇지 않다. 당신은 이미 하나님 안에 거하고 있다. 단순히 그분 안에 머물라. 이따금 이러한 경험 가운데 흐리게 구름이 끼는 때도 있을 것이다. 하지만 당신 스스로 이 구름을 제거하려고 하지 말라. 태양으로 하여금 구름을 제거하게 하라!

당신 자신을 너무 많이 보는 것은 여행속도를 늦추게 한다. 당신 자신에 시선을 두면 둘수록 당신은 더욱 길을 잃게 될 것이다. 당신은 하나님이 당신을 보는 것처럼 자신을 볼 수는 없다. 자기중심적인 생각이 밀려들 때 그 생각에 빠지지 말고 그냥 지나치게 하라. 조금씩 조금씩 그런 생각들이 사라질 것이다.

그리스도인이 죽음의 무덤을 떠날 때 그는 자기 자신보다도 예수 그리스도께 더욱 가까이 가고 싶은 욕망을 느낀다. 그는 이제 더 이상 따라가기로 규정된 행동양식에 의해 살지 않는다.

오직 그분만을 당신이 따라 살아야 할 규율로 삼으라! 당신은 그리스도의 품성이 아무런 노력없이 당신의 깊숙한 곳에서부터 흘러나오는 것을 발견할 것이다. 그리스도인의 품성은 자기의 영 안에 있는 주님의 영으로부터 자연스럽게 성장한다.

당신의 보물은 오직 하나님 뿐이다. 그분의 생명으로부터 당신의 생명을 취하라. 그분은 영원하시다! 예수 그리스도로 옷 입으라. 그분이 당신 안에서 말씀하시고 행위하시게 허락하라. 당신의 모든 행위의 선도권을 그분이 취하시게 하라. 그분께 항복하고 스스로 아무런 행위도 하지 말라! 그분이 당신의 마음을 움직일 때까지 그냥 머물러 있으라.

당신은 당신이 무한하게 성장할 수 있다는 사실을 알고 있는가? 당신이 체험하면 할수록 당신은 당신 안에 있는 그분의 생명을 더욱 잘 분별할 수 있게 될 것이다.

# 제 12 장
# 십자가의 길

당신은 더욱 벌거벗기를 원할테지만 그렇게 하려는 당신의 노력은 당신을 오히려 종교적인 틀 속에 가둘 것이고, 때로는 극도로 혼란스럽게 할 것이다. 하나님이 오셔서 당신을 벌거벗기시게 하라!

영혼의 폭포수

그리스도께 완전히 항복하는 것은 우리가 생각하는 것보다 꽤 오랜 시간이 걸리고 또 쉽지 않다. 당신은 자기가 이미 그 상태에 도달했고 또 매우 빠르게 도달할 수 있다고 생각하는 어리석음을 범하지 말라. 영적으로 아무리 성숙했다 하더라도 이러한 실수에 떨어질 수가 있다.

주님을 따르는 사람들이 빨리 성장하지 못하는 이유는 출발할 때부터 자기 자신을 벌거벗게 하려 하지 않기 때문이다. 그러나 자기 스스로 벌거벗으려 시도하는 것도 잘못된 것이다. 당신은 결코 스스로 벗을 수 없다. 주님을 따르려고 하면 할수록 당신은 더욱 벌거벗기를 원할테지만 그렇게 하려는 당신의 노력은 당신을 오히려 종교적인 틀 속에 가둘 것이고, 때로는 극도로 혼란스럽게 할 것이다. 하나님이 오셔서 당신을 벌거벗기시게 하라!

순례자의 인생 중 이 지점에서 기도는 과연 어떤 위치를 차지할까? 어떠한 종류의 기도이든지 기쁨이 있다면 계속 기도하라. 하지만 그렇지 않다면 기도를 기꺼이 내려놓으라. 당신에게 영적으로 도움이 된다면 어떠한 기도든지 계속 하라. 다만 전혀 기도하고 싶지 않고, 하기도 힘들며 잘 되지 않을 때는 기도를 멈추라.

십자가의 길은 — 이 길은 당신을 완전히 텅비게 만든다 — 당신에게 완전히 메마름으로 가득 찬 길이 될 것이다. 거기에는 어려움도 있고, 고통과 피로함이 있다. 당신이 처음 영적 여행을 시작할 때는 영광스럽고 아름답고 풍요로웠을 것이다. 그러나 이 출발상태를 마지막이나 중간상태와 혼동하지 말라. 각 상태마다 전혀 비슷하지 않고 사람마다 다 다르다. 이 여행 중 어떤 부분은 영적이다. 하지만 감히 '영적'이라는 말을 붙이기도 적합하지 않을 정도로 어렵고 메마를 때도 있다.

이러한 것들을 이해하도록 도와주고, 이 '영적'이라는 말 속에는 메마름과 비탄과 심지어 무너지는 감각까지도 포함되어 있다는 사실을 이해하도록 자기를 도와주는 사람을 이 여행도중에 발견하는 신앙인은 얼마나 축복된 행운아인가!

# 제 13 장
## 그리스도가 당신 안에서 성장하도록 하라

그리스도가 당신 안에서 자랄 때 당신은 변화되어 그분을 닮아간다. 아마 당신은 이것이 주님 자신이 하나님 아버지와 관계했었던 바로 그 길임을 깨닫게 될 것이다.

‖ 영혼의 폭포수 ‖

**광**활한 바다로 돌격해가는 이러한 그리스도 여행자 (폭포수와 같은)에게 주님이 남기시는 흔적이 있다면 어떤 것이 있을까?

신앙인의 생애에 있어서 인격이 변화되는 과정은 그가 자기 자신을 주님께 굴복시키는 바로 그 순간부터 시작된다. 이 과정 중에도 그는 많은 실수를 범할 것이고 또한 실제 과오도 많다. 신앙인이 성숙됨에 따라 그는 자기의 과오를 보기보다는 주님의 모습을 닮고 싶다는 자기의 갈망을 더욱 깊숙이 보게 된다. 신앙인은 자기 자신 안에서 십자가의 역사를 갈망하기에 이른다. 그러나 그후에도 십자가를 알고 싶다는 갈망이 식을 수도 있다. 그러나 그렇다고 해서 그것이 사라지는 것이 아니다. 다만 자기 존재의 깊숙한 지하부분으로 단순히 내려간 것 뿐이다. 거기에는 십자가에 대한 은밀하고도 감추어진 갈망이 있다. 이 갈망은 거의 감지할 수 없을 정도로 신앙인의 전 존재 속으로 더욱 깊게 스며든다. 당신 안에 십자가가 역사하게 하라. 특별히 당신 존재의 가장 깊숙하고 은밀한 부분에서 역사하게 하라. 십자가가 당신 혼의 가장 깊이 감춰진 동기 안에서 단 하나의 목적이 되게 하라.

\* \* \* \* \*

영의 '감화'와 내주하시는 주님의 '이끄심'에 대해서 말할 때 그것들이 당신의 외부에서 오는 것이 아님을 이해하

라. 그것들은 안에서부터 온다. 우리 안에 그 근원이 있다. 영의 그러한 격려는 안에서부터 밖으로 이어지는 길을 따라 역사한다. 당신 영의 깊숙한 부분에서부터 마침내 당신의 마음에로 떠오른다. 이것이 당신 안에서 솟아나는 주님이다. 이것이 자연스럽게 신앙인의 영적 길이 된다. 여기에 당신의 영적 존재의 진정한 수원(水源)이 있다. 예수 그리스도는 항상 자기 자신을 당신 안에서 계시하신다. 당신은 그분으로부터 산다. 외부에서 그분을 찾으려 한다면 당신은 결코 그분을 발견하지 못할 것이다.

인간의 육체는 생명유지에 필수적인 모든 작동을 자동적으로 매우 자연스럽게 진행한다. 물론 호흡을 의미함은 굳이 말할 필요도 없다. 그렇듯이 그리스도인의 성장에 있어서 당신 안의 영의 움직임은 자연스러우면서도 거의 감지할 수가 없다(그 효능에 있어서).

그리스도가 당신 안에서 자랄 때 당신은 변화되어 그분을 닮아간다. 아마 당신은 이것이 주님 자신이 하나님 아버지와 관계했었던 바로 그 길임을 깨닫게 될 것이다.

# 제 14 장
# 가중되는 십자가

십자가는 당신 안에서 하나님의 일을 한다. 지금 하나님의 일은 당신에게 십자가를 가져오고, 십자가는 당신에게 주님을 가져다 준다.

영혼의 폭포수

이 시점에서 십자가는 신앙인의 인생에서 어떤 역할을 할까? 그가 주님의 힘으로 강건해질 때 신앙인은 자기에게 주님이 더욱 무거운 십자가를 지워주신다는 사실을 발견하게 된다. 그리고 자기의 힘이 아니라 주님의 힘으로 이 십자가를 감당하는 법을 배우게 된다.

이제까지는 십자가 안에 어떤 기쁨이 있었는지도 모른다. 하지만 더 이상 그렇지 않다. 지금 신앙인이 십자가를 감당하는 이유는 단 한 가지 뿐이다. 즉 하나님을 기쁘게 해드리기 위해서. 다른 모든 것들과 마찬가지로 십자가는 주님을 만나는 수단이 된다.

십자가는 당신에게 주님을 체험하게 하는 은밀한 길이 될 것이다. 십자가가 더 이상 '십자가'로서 보이지 않을 때도 있을 수 있다. 그것은 단순히 그리스도를 알아가는 또 다른 수단이 될 수 있기 때문이다.

하나님의 품성이 십자가를 통해서 신앙인 안에 더욱 충만하게 나타나고, 그 십자가를 통해서 그리스도인은 주님을 더욱 친밀하게 알아간다. 아마도 이 시점에서 당신은 뒤를 돌아보며 주님과 동행했던 처음 시절을 회상할 수 있을 것이다. 기억하는가? 처음에 그리스도인이 된다는 것은 매우 기쁜 일로 보였었다. 그후에 십자가에 대해서 배웠다. 그리고 십자가는 당신에게 매우 중요한 것이 되었다.

십자가는 당신 안에서 하나님의 일을 한다. 지금 하나님의 일은 당신에게 십자가를 가져오고, 십자가는 당신에게 주님을 가져다준다.

신앙인은 모든 상황 속에서 항상 하나님을 볼 수 있어야만 한다. 십자가로부터 오는 것은 정말 주님의 손으로부터 오는 것임을 볼 수 있어야 한다. 그것은 인간이나 어떤 상황으로부터가 아니라 그분에게서 오는 것이다. 인생의 모든 순간은 그것이 어떠한 것이든지 주님이 당신에게 전해지는 그런 시간이다.

어떤 비전이나 황홀경, 기쁨, 계시에 대해서 말하는 사람들도 있다. 그들은 자기 안에 일어나는 많은 것을 이야기한다. 하지만 십자가가 그리스도 자신이 되는 점에서 십자가를 체험해본 사람은 비전이나 황홀함, 계시에 대해서 말하지 않는다. 그는 단순하고도 순수한 믿음으로 걸어갈 뿐이다. 그는 하나님, 오직 하나님만을 본다. 그리고 그는 자기의 눈으로가 아니라 마치 하나님의 눈을 통해서 보는 것처럼 사물을 본다. 그는 하나님의 눈을 통해서 자기자신의 생활을 보고 자기를 둘러싼 환경을 보며 다른 신앙인들과 친구들, 원수들, 원리와 능력, 역사 그 자체의 전체 행렬코스 등을 바라본다…. 그리고 만족한다.

주님이 신앙인의 생명 속으로 십자가를 통해 일하시면 일하실수록 이상하게도 그는 점점 더 평범하게 보인다. 영의 외적인 표현은 그의 강점이 아니다. 당신이 그를 더 잘 알고,

하나님이 당신에게 볼 수 있는 눈을 줄 때 당신은 비로소 이 사람이야말로 진정으로 비범하다는 것을 깨닫게 된다.

|| 영혼의 폭포수 ||

# 제 15 장
# 하나님의 자유함

죽은 자 가운데서 살리심을 받은 사람만이 그 행위와 능력에 생명력이 있다. 만일 어떤 사람이 살리심을 받았는데도 생명없이 산다면 그의 부활은 어디에 있는가? 진정으로 죽음을 맛보고 일으킴을 받은 신앙인은 그 새로운 생명의 한 요소로서 죽기 전에 할 수 있었던 것들을 행할 능력이 있어야만 한다.

영혼의 폭포수

**당**신의 인생에 있어서 하나님의 이러한 다루심은 당신을 진정한 자유에로 인도하신다. 그러나 이 자유는 당신을 무책임에로 인도하지 않는다. 당신은 여전히 당신에게 요구되는 의무들을 수행할 것이다. 이 자유는 하나님이 당신에게 원하시는 것을 행하게끔 한다. 결국 당신은 당신이 하나님 안에 있다는 것을 발견하게 된다.

죽은 자 가운데서 살리심을 받은 사람만이 그 행위와 능력에 생명력이 있다. 만일 어떤 사람이 살리심을 받았는데도 생명없이 산다면 그의 부활은 어디에 있는가? 진정으로 죽음을 맛보고 일으킴을 받은 신앙인은 그 새로운 생명의 한 요소로서 죽기 전에 할 수 있었던 것들을 행할 능력이 있어야만 한다. 물론 전과 후의 행함 사이에는 차이점이 있다. 지금 그가 하나님 안에서 하는 모든 것은 자기 힘으로가 아니라 하나님에 의해서 한다. 이것은 설명될 수 있거나 어떤 책으로 배울 수 있는 것이 아니다. 이것은 십자가의 고난 아래서만 체험되어질 수 있는 어떤 것이고 오직 죽음의 체험으로부터만 오는 것이다.

나사로는 죽은 자 가운데서 살아난 뒤 자기의 일상생활 속으로 되돌아왔다. 주 예수 그리스도조차도 부활하신 후 사람들과 먹고 마시고 함께 걷기를 기뻐하셨다. 만일 아직도 갇혀있고, 기도할 수 없으며 아직도 두려우며 죄의식에 시달린다면 또 아직도 너무 많은 것들 안에 자기의 본성이 나타난다면 그 사람은 아직 죽음 가운데서 일으켜 세워진 것이 아니다. 당신이 회복될 때 단순히 회복된 것이 아니라 — 영적으로 말해서 — 당신은 몇 배로 회복된 것이다.

욥기에는 이것에 관한 아름다운 예가 나온다. 욥기는 신앙인의 전적인 영적 여정의 거울과도 같다. 하나님은 그에게서 모든 세상적인 부귀를 빼앗으셨고 자식들도 빼앗으셨다. 그의 세상적인 부귀는 욥의 선물을 대표하고 자식들은 욥의 선행을 대표한다. 그리고 하나님은 욥의 외적 미덕의 상징인 욥의 건강을 취해가셨다.

욥은 죄 때문이라고 정죄를 당했고, 하나님의 뜻에 굴복하지 않는다고 비난을 받았다. 그의 친구들은 그가 벌을 받는 것이 당연하다고 말했다. 그들의 눈에는 이러한 재난을 불러온 어떤 죄가 욥에게 있고, 욥의 행위 안에는 무엇인가 끔찍한 것이 있을 것만 같았던 것이다. 하지만 욥이 거의 죽음의 지경까지 고난을 당한 후에야 하나님이 그를 회복시키셨다. 그러나 욥은 이제 더 이상 과거의 욥이 아니었다!

그것처럼 신앙인의 부활도 그러하다. 모든 것이 그에게 다시 되돌려지지만 그전과 상당히 다르다. 신앙인은 이제 더 이상 전에 그랬던 것처럼 사물에 애착을 갖지 않고, 전의 방식대로 사물을 사용하지 않는다. 모든 것이 하나님 안에서 이루어진다. 모든 사물은 필요할 때 사용되어질 뿐 전처럼 소유의 대상은 아니다. 그곳에는 자유함이 있다! 그곳은 살기에 멋진 곳이다.

"만일 우리가 그의 죽으심을 본받아 연합한 자가 되었으면 또한 그의 부활을 본받아 연합한 자가 되리라"(롬 6:5).

그러한 자유함이 당신을 얽어매고 노예로 만들겠는가? 물론 아니다. "그러므로 아들이 너희를 자유케 하면 너희가 참으로 자유하리라"(요 8:36).

어디서 이러한 자유를 얻는가? 이 놀라운 자유, 그 근원은 무엇인가? 당신은 그분 자신의 자유를 소유했기 때문에 자유로운 것이다!

진정한 삶이 시작되는 것은 바로 이때부터이다. 이 시점에서 하나님이 그 신앙인에게 가져다주는 것 중에 그를 심각하게 상처주는 것은 아무것도 없다. 그분이 신앙인에게 요구하시는 것을 성취하기는 과거보다 훨씬 쉬워졌다. 물론 갈등이 전혀 없는 것은 아니다. 다만 훨씬 줄어들었다는 뜻이다.

예를 들어서 그 신앙인이 과거에는 설교나 무엇인가 가르치기 위해서 오랜 준비시간이 걸렸다면 이제는 모든 것이 이미 주님 안에서 이루어지기에 특별히 따로 준비할 필요가 없다. 그의 마음과 영이 너무도 충만하기 때문에 그렇게 많은 준비가 필요하지 않다. 그리고 계시도 더욱 풍부하다. 그것은 주님께서 제자들에게 "너희가 말해야 할 시간에 지혜를 주시리라"고 한 시점에 돌입했기 때문이다.

그러나 엄청난 연약함과 무능력을 견디고 경험한 후에라야 당신은 이러한 자리로 나아갈 수 있다. 잃는 것이 많으면 많을수록 자유는 그만큼 크다.

그러나 하나님의 자녀는 자기의 노력으로 그러한 자리에 자신을 놓을 수 없다는 사실을 기억하라. 만일 하나님께서 환경을 준비하시지 않거나 그분 자신의 생명에 풍요로움을 부여하시지 않는다면, 신앙인은 이러한 목적을 성취할 수 없다. 아니, 그분이 아니라면 우리가 어떻게 그것을 갈망조차 할 수 있겠는가!

만일 당신이 이 자유함과 죽음, 부활의 경험 속에서 살게 되었다면, 당신은 전에 했던 식으로 행하기가 어렵다는 것을 느낄 것이다. 가령 그것을 행하더라도 그전과는 매우 다른 방식으로 행할 것이다. 이것은 그 이유를 따진다고 알 수 있는 문제가 아니다. 주님께서 단순히 당신 안에서 그분의 역사를 시작하셨다는 것만 염두에 두라. 그분의 사역은 당신에게서 자연스럽게 표출될 것이다. 행위가 나오는 근원도 다를 뿐 아니라 주님의 일에 관한 당신의 관점도 변할 것이다. '하나님의 일'을 충분히 넓게 이해하는 사람도 있을 것이다. 하지만 자기의 눈으로 하나님의 일을 보는 것과 하나님의 눈을 통해서 하나님의 일을 보는 것은 상당히 다르다.

이 선한 일은 당신 안에서 일종의 '두 번째 본성' — 하나님의 품성 — 이 된다. 당신이 겸손한 말을 하는 사람을 만날 때 당신은 당신이 겸손하지 않다는 것을 알아차리게 된다. 만일 당신이 당신의 힘으로 겸손하려고 애쓴다면 그것은 믿음이 없는 것이고, 오히려 꾸지람을 받을 것이다. 죽었다는 것은 겸손하다는 것보다 더 낮은 위치임을 깨달으라. 겸손하려면 우선 당신은 어떻게든 살아있어야만 한다. 죽음보다 더 낮은 것은 없다. 이미 죽은 것은 아무것도 아니고, 아무것도 아닌 것보다 더 낮은 것은 없다.

자기 일생 중 이러한 위치에 이른 순례자는 사람들에게 거의 잘 알려지지 않는다. 하물며 그가 속한 공동체와 국가, 전 세계에서 나쁜 평판을 가진 경우는 거의 없다. 잘 알려지지 않은 것이 그 사람에게는 유익한데 그럼으로써 그는 그리스도 안에서 안식을 보존할 수 있기 때문이다. 잘 알려지지 않는 것은 우리로 하여금 평안 가운데 살게끔 도와준다는 사실을 기억하라. 그렇다고해서 주님을 아는 모든 사람들이 다 이렇게 감춰져있다는 뜻은 아니고, 다만 대다수가 그렇다는 것 뿐이다.

이러한 삶에는 그러한 익명성 뿐 아니라 참된 기쁨이 있다. 이 기쁨은 거의 잘 드러나지 않지만 너무나 근원적이다. 그곳에는 두려움이나 와전된 욕망, 사물에 대한 탐심이 거의 다 사라졌기 때문이다.

주님은 어떠한 장벽이든 그것을 넘어 그 사람의 영적 능력을 확장시킨다.

이런 길을 가다보면, 당신은 굉장한 환희와 황홀감, 기쁨, 그 능력과 은사로 인해 상당히 영적이라고 평가되는 사람들을 만나거나 그런 사람들에 대해서 소문을 듣게 될 것이다.

하지만 우리는 이런 사람이 너무도 영적으로 승리했기 때문에 기절하는 모습을 보게 될 것이다. 그것은 강함인가? 아니면 연약함인가? 하나님은 그 사람을 그분 안에서 잃어지게 하려고 세게 잡아당기신다. 그래도 그가 황홀해할까? 그는 하나님에게로 세게 잡아당겨지는 것을 견디어낼 만큼 강하지 않다.

그래서 우리가 진정한 기쁨에 대해서 말할 때 그것은 환희와 비전을 넘어선다. 이 기쁨은 어떤 경험이라기보다는 오히려 어떤 상태처럼 항구적이다.

그 결국은 얼마나 영광스러운가!

죽음의 먼지 속에서 죽어가는 공포스런 체험을 할 때 생명이 자기를 위해 그곳에 기다리고 있었음을 과연 믿을 수 있는 사람이 있을까? 만일 당신이 그러한 죽음의 상태나 흔들려 무너지는 것과도 같은 상태에 있었을 때 어떤 사람이 매우 영광스런 날이 이르리라고 당신에게 말해주었다면 당신은 그 말을 믿으려 하지 않았을 것이다. 그러므로 이 교훈을 배우라.. 하나님을 의지하는 것은 좋은 일이다.

"주를 의지하는 자는 부끄러움을 당치 아니하리라."

당신 자신을 하나님께 포기하는 것이 얼마나 중요한 것인지 아는가? 만일 당신이 그분께 끊임없이 항복한다면 당신이 얼마나 많은 고통을 피할 수 있는지 생각해보라.

## 영혼의 폭포수

# 제 16 장
# 자신을 부인하고 오직 하나님만 바라보라

당신은 어떤 것에 대한 신뢰감을 경험해본 적이 있는가? 그때 모든 의심이 사라졌던 것을 기억할 것이다. 그렇다면 이제 당신은 무엇을 신뢰하고 있는가? 당신은 하나님 자신의 정확무오성을 신뢰할 수 있는가?

‖ 영혼의 폭포수 ‖

주예수 그리스도를 아는 사람들 중 대다수는 자기의 생명을 전적으로 그분께 포기하거나 그분 한 분만을 의지하려고 하지 않는다. 자기가 포기하고 있다고 말하는 사람들 중에도 상당수는 그저 명목상으로만 포기하고 있는 경우가 많다. 아마도 대부분의 신앙인들은 진정으로 자기 자신을 하나님께 포기하기를 원하겠지만 단지 한 가지 영역에서만 그러하다. 그밖의 다른 영역에서는 모든 권리를 자기자신이 보유한다. 하나님과 거래를 하려고 하는 사람들은 자기가 얼마만큼 그분께 포기할 것인지 한계를 정한다. 마침내 스스로를 하나님께 전적으로 드리려고 하는 사람들도 있기는 하다. 하지만 여전히 말로만 그러하다.

　　당신은 이렇게 자문해 보아야만 한다: "이것이 포기인가?" 진정한 포기는 아무것도 잡지 않는다. 생명도 죽음도 구원도 천국도 지옥도 아무것도… 그리고 당신 자신을 하나님의 손에 던지라. 오직 그분께만 선함이 나올 수 있다. 당신을 받쳐 주는 그리스도의 말씀을 의지하여 폭풍우가 휘몰아치는 이 거친 바다 위를 확신있게 걸으라! 당신의 주님은 스스로를 오직 그분 한 분에게만 내던지고 포기하는 모든 사람들을 돌보시겠다고 약속하셨다.

　　베드로가 그랬던 것처럼 만일 당신이 물 속에 가라앉는다면 그것은 당신의 믿음이 적기 때문이다. 담대하게 앞으로 몸을 던지라. 당신 앞에 서있는 모든 위험물을 대면하되 당신의 노력으로가 아니라 믿음으로 하라. 무엇 때문에 당신은 두려워하며 무서워하는가? 당신 자신을 잃어버리는 것이 두려운가? 당신의 현실조건 속에서 당신이 얼마나 하찮은 존재인가 생각해보라. 이 점을 생각해보라: "당신이 잃어버리지 않으려고 발버둥치는 것이 정말 그렇게 대단한 것인가? 당신은 자신을 잃어버릴 것이다. 즉 당신이 당신 자신을 하나님께 포기할 만큼 담대하다면 당신은 스스로를 잃을 것이다. 하지만 잃어지는 것이 바로 그분 안에서임을 기억하라. 그 잃어버림은 얼마나 멋진가!

왜 우리는 이러한 설교를 잘 듣지 못하는가? 이러한 것을 제외하고 나머지 모든 것은 설교 속에서 다 들을 수 있지 않은가? 그리스도인이라고 자처하는 대부분의 사람들은 여기서 우리가 말하는 것을 미친 짓이라고 생각할지도 모른다. 아니면 그들은 이것이 불안정한 것이라고 생각할 수도 있다. 어떤 믿음이 강한 그리스도인들의 넓은 마음속에서는 이러한 문제가 너무나 수준이 낮고 단순한 것이라고 여겨질지 모른다. 이러한 사람들은 자기들은 항상 안정되었고, 절제력이 뛰어나며 매우 균형잡힌 안정된 종류의 사람들이라고 느끼고 있음에 틀림없다. 그렇다! 이 포기에는 터무니없는 무절제함이 있다. 여기에는 그들이 자기 스스로를 너무나 현명하고 성숙하다고 생각하기 때문에 그들이 경험하지 못하는 그 무엇인가가 있다.

만일 당신이 전멸당하겠다고 복종할 때 결국 놀라운 상이 당신에게 계시될 것이다. 그러려면 당신은 폭풍우 속의 한 장 나뭇잎처럼 당신을 둘러싼 주님께 자신을 기꺼이 내던져야만 한다. 그러한 순간에는 아무런 저항도 있을 수 없다. 세상이 말하는 것을 두려워말라. 이러한 상태로 들어가려면 당신은 절제력있고 균형잡힌, 꽤 괜찮은 사람이라고 알려진 당신의 평판을 잃어야만 한다. 조롱도 기꺼이 감수하라. 교인들은 어떠해야 하고 그리스도인들은 이러저러해야 한다는 기준을 세운 사람들에게 기꺼이 거절당함을 참으라.

오늘날 세상사람들의 눈에 좋게 보이려고 애쓰는 그리스도인들이 많이 있다. 그들은 "이래야지 하나님이 영광을 받을 수 있어!"라고 말한다. 하지만 보통 이것이 그들이 말하고자 의미하는 바는 아니다. 그들이 말하는 바는 결국 자기 자신이 영광을 받고 싶다는 것이다.

하나님의 눈으로 보기에 진정으로 기꺼이 아무것도 아닌 것이 되기를 원하고(또한 인간의 눈으로 보기에도 아무것도 아닌) 계속해서 그런 열망을 당신 안에 지니려 한다면 그것은 절망의 심연 끝, 벼랑에 서는 것과 같다. 이것은 그다지 흔한 일이 아니다.

우리는 감히 앞으로 나가려는가? 하나님께 자기를 포기하는 길 가운데 성숙해져가는 사람에 대해서 말할 수 있을까? 그는 쉽사리 시련 때문에 흔들리는 사람은 아닐 것이다. 그러나 그를 흔들리게 하는 사람들이 있을텐데 그들은 도상에서 그를 흔들리게 하기 위해서 하나님이 친히 선택한 사람들일 수 있다. 자기가 하나님께 항복하지 않았을 때의 시간을 돌아본다면, 그 순간들은 그에게 깊은 번민과 내적인 고통을 가져다준다. 하지만 지금은 주님께 저항하는 것이 더욱 어려운 일이다. 설사 주님께 저항한다고 해도 그는 아마 오랫동안 그렇게 하지는 못할 것이다. 왜? 그 안에서 역사하는 어떤 힘이 있기 때문이다. 그 힘이 어떤 것인지 그는 설명할 수도 이해할 수도 없다. 단순히 그곳에 힘이 있다는 사실만 분명히 알 뿐이다.

어떠한 신앙인이든지 그들을 다루시는 하나님의 손길은 쉽게 이해될 수 있는 성질의 것이 아니다. 그분의 다루심은 완전하다. 일단 그분이 당신의 생명 안에서 그분의 목적을 수행하시기로 결정하시고 일을 시작하셨다면 그분은 돌 하나라도 그냥 다듬지 않은 채 남겨두시지 않을 것이다. 그분은 당신의 생활 속에서 발생하는 모든 상황들을 정리하시고 이용하신다. 그리하여 당신은 급기야 그분의 것이 되고 마침내 당신 안에서 이루어지는 그분의 일이 완성될 것이다.

신앙인이 성숙해갈 때 그의 궁극적인 골인점은 그가 모든 것을 잃을 때까지 — 하늘에도 지상에도 그를 파괴할 수 있는 자가 단 한 사람도 없을 때(오직 하나님만 제외하고) — 이르는 지점이다. 그 신앙인을 구속하거나 속박할 수 있는 것은 아무것도 없다. 그는 하나님 안에서 없어졌다.

그는 여전히 자기의 영적 벌거벗음을 본다. 그러나 또한 정결함으로 옷 입었음도 안다. 만일 그가 깊은 죽음을 맛보았다면 그는 이제 더 이상 자기 길을 가고 싶다는 욕망을 느끼지 않는다. 그가 경험하고 있는 죽음은 진정한 죽음이다.

사람이 죽을 때 그는 이제 더 이상 자기 자신일 수 없다. 하지만 포기의 경험 속에서 성숙한 신앙인이라고 해서 잘못 행하지 않는다거나 실수의 차원을 뛰어넘는 것은 아님을 명확히 하자. 그러나 자기의 연약함을 아는 것 이상으로 자기 안에 있는 하나님의 능력을 훨씬 더 잘 안다. 그리고 이러한 깊은 깨달음은 그에게 확고부동함을 가져다준다. 이 확고부동함은 이 세상이나 지옥이나 그 어떤 것으로도 흔들릴 수 없다.

한 지붕 아래서 같이 살고 있지만 서로 전혀 모르는 낯선 두 사람을 상상해보라. 그들은 서로 가까이 있다. 하지만 그들은 서로를 모른다. 오랜 시간 동안 성장을 해온 신앙인의 생활 속에도 이와 비슷한 점이 있다. 그는 이 세상에 있지만 이 세상에 대해서 낯설다. 그는 마치 이 세상이 아닌 다른 곳에 사는 것과도 같다.

하지만 그가 고통스러움을 느끼지 않고 그것을 넘어설 수 있다고 생각지 말라. 아마도 그는 다른 사람들보다도 훨씬 더 많이 고통을 느낄 것이다. 하지만 이젠 그 고통과의 관계가 상당히 다르다. 육체는 고통도 괴로움도 겪을 것이고 여전히 십자가는 있을 것이다. 그럼에도 불구하고 영 안에는 참된 기쁨이 있다. 물론 그 기쁨이 고통을 없애주지는 않는다. 고통스러움 한가운데 아주 조용한 기쁨이 단순하게 자리잡고 있을 뿐이다.

이젠 더 이상 "이것은 하나님에게서 온 것인가?"라고 물을 필요가 없다. 그에게는 모든 것이(죄를 제외하고는) 하나님이기 때문이다.

방 안에 있는 모든 품목들은 그 자체로는 아무것도 아니다. 그 모든 가구들이 방 안에서 끌어내지면 우리가 볼 수 있는 것은 단지 방 자체밖에 없다. 이와 같이 하나님을 보라. 하늘이나 땅에 있는 모든 피조물들은 사라지고 없어질 것들이다. 그렇다. 이 모든 것들이 현재 여기에 있는 것은 사실이다. 하지만 그것들은 신앙인과 분리되어 있고, 그것들이 하나님은 아니다. 그것들 중 어떤 부분도 하나님 자신에게서 온 것은 아니다. 비록 사람들과 상황들이 현재 여기 있기는 하지만 그가 보는 것은 가구들이 아니라 방 자체다. 자기가 있는 모든 곳에서 신앙인은 단순히 자기의 주님을 본다. 그분의 손으로부터 오는 모든 상황과 그분의 손은 하나인 것처럼 여겨진다. 그분은 이 사람의 생활 안에서 모든 가구를 다 치우셨고, 적어도 그것들이 그에게 별로 중요하지 않은 것으로 만드셨다.

이 신앙인이 자기를 비우는 이 끊임없는 상태를 계속 걸을 때 그 자신의 경험은 이제 주님을 경험하는 것이 된다. 문제라든가 시련들, 자의식, 고난 등은 하나님 안에서 사라지는 것처럼 보인다. 자기에게 발생하는 것을 좋은 것과 나쁜 것으로 분류한다는 것 자체가 너무나 부적절하다. 그는 그것을 분류하려는 것이 아니라 그저 단순히 자기 인생의 모든 상황 안에서 안식하기에 이르는데 그는 그 모든 상황 안에서 하나님을 보기 때문이다.

　만일 전세계가 그를 대항해서 반기를 들고 그가 틀렸다고 말한다해도 그 사람 안에는 달리 어떻게 증거할 수 없는 내적인 평화가 있다. 어쩌면 다른 사람들은 그가 완고하거나 고집스럽다고 느낄지 모른다. 하지만 그는 그렇지 않다. 진리는 여기에 있는데 '그는 이제 더 이상 자기 자신과 자기의 평판에는 관심이 없기' 때문이다.

　이 포기의 상태란 어떤 것일까? 그것은 오직 하나님만을 보는 것이다. 그는 하나님 안에서 예수 그리스도와 함께 자신을 잃는다. 이것이 바로 바울이 표현한 것이다. 그는 마치 강이 바다와 하나가 되는 것처럼 그렇게 자기의 주님과 하나가 되었다. 강은 바다와 함께 밀려나갔다 밀려들어오지만 강에게는 더 이상 선택권이 없다. 강은 바다에 대항해서 싸울 힘이 없다. 강의 의지와 바다의 의지는 하나로 연합되었다.

　한계가 없는 바다는 강과 강물 전부를 다 삼켜버렸다. 이제 강은 바다가 갖고 있는 모든 것을 공유한다. 바다는 홀로 강을 운반한다. 강은 스스로를 운반할 수 없다. 강은 바다와 하나가 되었다. 아니 강은 바다의 모든 품성을 소유하지는 않지만 그럼에도 불구하고 강은 바다 안에 있다.

그렇다고 신앙인이 자기의 독특한 개성을 잃어버렸다는 것을 의미하지는 않는다. 아니, 절대 그렇지 않다! 다만 그가 자기의 주님과 연합되었음을 의미할 뿐이다. 그렇다. 그는 여전히 주님과 분리될 수는 있다. 하지만 그것은 하나님의 선택에 놓여있기에 그분이 그렇게 하시지 않는 한, 실제 그렇게 되기는 어렵다.

우리는 앞에서 자유함에 대해서 언급했었다. 인간이 만든 자유는 사라지지만 하나님 한 분 안에서 발견되는 자유함은 계속된다. 하나님은 자유이시다. 그분의 자유함에는 한계가 없고, 어떤 것으로도 가둘 수 없다. 이 신앙인은 참으로 자유롭게 되어 이 세상에 거의 묶여질 수 없을 정도다. 그는 아무 것도 하지 않을 정도로 자유롭다! 그리고 실제 이 신앙인이 스스로 적응할 수 없는 상황이란 전혀 없다.

우리가 여기 이 시점에 있다면 어떻게 무엇을 두려워할 수 있겠는가! 그는 이미 모든 것의 상실을 경험했고, 이미 죽음도 체험했다. 바울은 그것을 이렇게 요약했다:

"누가 우리를 그리스도의 사랑에서 끊으리요 환난이나 곤고나 핍박이나 기근이나 적신이나 위험이나 칼이랴"(롬 8:35).

당신은 어떤 것에 대한 신뢰감을 경험해본 적이 있는가? 그때 모든 의심이 사라졌던 것을 기억할 것이다. 그렇다면 이제 당신은 무엇을 신뢰하고 있는가? 당신은 하나님 자신의 정확무오성을 신뢰할 수 있는가?

바울의 이 편지는 우리의 내적이고 영적인 여행 전체과정을 묘사한다. 여행의 출발점과 그 과정, 종국점, 이것들을 세상은 이해하지 못한다. 하지만 이런 것들을 체험하기 시작한 신앙인은 이것들을 이해하기 시작한다. 아! 하나님께 모든 것을 포기하는 것이 얼마나 어려운 것인지 당신이 알 수 있다면! 만일 당신이 하나님 안에서 이런 깊은 내적 생명을 단 한 번 만이라도 체험할 수 있다면… 당신은 이 길이 극도로 어려운 길이라고 단정할 것이다. 하지만 안식할 수 있는 날, 당신은 이 고난의 시간이 얼마나 값진 것인지 깨닫게 될 것이다.

그렇다면 당신의 하나님은 당신을 어떻게 여기까지 인도하실 수 있을까? 그분의 길이 어떠하든지 당신이 상상했던 길과는 완전히 반대일 것이다. 당신도 알다시피 당신의 주님은 파괴하심으로써 세우시고, 생명을 빼앗으심으로써 생명을 주신다.

만일 당신이 영원한 왕국을 단지 슬쩍만이라도 본다면, 시간과 공간의 문제는 아무것도 아닌 것이 될 것이다. 주위의 모든 것이 그래야 할 것처럼 다만 그렇게 여겨진다. 어떠한 장소이든 상관없다. 하나님이 이 사람을 지구상의 가장 먼 곳으로 인도한 것처럼 보인다 해도 그것은 그에게 최선의 환경이 될 것이다. 신앙인이 자기가 창조된 그 목적, 그 자체에 충실함을 경험할 때 그는 이제 더 이상 찾을 것이 없다. 모든 것이 하나님이고, 그밖의 모든 것은 다 사라진다.

당신의 기도하는 생명은 하나님 자신이다. 그분은 당신 안에서 끊임없이 멈추지 않는 이 '기도자' 이다. 하나님의 임재에 관해서 설령 아무런 느낌이 없다해도 그 자체가 가장 심오한 감각이라 할 수 있다. 당신 안의 깊숙한 곳에 영의 항구성이 있다. 그분의 현존을 느낀다거나 느끼지 못한다거나 하는 점이 이제 당신의 생활에 그다지 중요하지 않다.

당신이 죽든지 살든지 그것은 주님께 달려있다. 지구상에 살든지 주님과 함께 있기 위해 세상을 떠나든지 전혀 문제가 되지 않기 때문이다. 다만 당신 자신을 당신이 가장 사랑하는 분의 이미지로 변화되도록 내맡기라!

# 제 17 장
# 하나님을 사랑하라

당신의 유일한 소망은 하나님이 영광을 받으시는 것을 보는 것 뿐이다. 그것은 하나님이 당신의 본성을 변화시켰고, 당신이 그분의 관심을 공유하기에 이르렀기 때문이다.

영혼의 폭포수

아무것도 하지 말고 조용히 머물라. 하나님께서 당신 위에 찍는 인상을 아무런 저항없이 따르라. 당신은 완전하지 않기 때문에 실수를 범할 수밖에 없음을 명심하라. 당신의 영이 돌아서고 하나님께 지도를 받는다해도 당신은 여전히 잘못을 범할 수 있다. 그러므로 주의하라(하나님 앞에서 당신 자신을 낮추라). 그리하면 길을 잘못 가지는 않을 것이다.

따지는 모든 사고방식을 내려놓으라. 하나님이 당신을 어떻게 인도하시는가에 대해서 따지는 것이 얼마나 어려운 일인지 모르는가! 하지만 만일 당신이 따지기로 결정한다면 어쩌면 당신은 잘 따질 수도 있고, 당신 자신을 자기 길로 잘 따라가게끔 굴복시킬지도 모른다. 그러나 더욱 나쁜 것은 당신이 하나님을 따르는 것도 머리로 따져서 따라가게 될 것이라는 사실이다.

당신이 자신에게 시선을 돌리고 자기 자신을 신뢰한다면 루시퍼에게 속한 지옥을 경험하게 될 것이다. 그는 자기 자신을 사랑했고, 그리하여 사단이 되었다. 만일 당신이 단 한 번 만이라도 하나님의 영광을 본 적이 있다면, 그분으로부터 떨어져나가는 것이 다른 어떤 것보다도 얼마나 더 끔찍한 것인가를 알게 될 것이다. 당신 자신을 사랑하지 말고 대신 하나님을 사랑하라!

하나님은 동시에 당신을 조금씩 변화시킬 것이다. 그분은

당신의 영을 끊임없이 넓히실 것이다. 그렇기에 다윗은 이렇게 말했다:

"주를 두려워하는 자를 위하여 쌓아두신 은혜 곧 인생 앞에서 주께 피하는 자를 위하여 베푸신 은혜가 어찌 그리 큰지요"(시 31:19).

다윗이 자기의 죄성을 깨닫기에 이르렀지만 동시에 그보다 더 엄청난 하나님의 놀라운 은혜를 깨달았다. 그러한 위치에 이른 당신은 하나님의 영광을 위해 자기의 생명을 기쁘게 바쳤던 사람들과 동일하다. 당신의 유일한 소망은 하나님이 영광을 받으시는 것을 보는 것 뿐이다. 그것은 하나님이 당신의 본성을 변화시켰고, 당신이 그분의 관심을 공유하기에 이르렀기 때문이다.

## CHRISTIAN LITERATURE CRUSADE

사단법인 기독교문서선교회는 청교도적 복음주의신학과 신앙을 선포하는 국제적, 초교파적, 비영리 문서선교기관입니다.

사단법인 기독교문서선교회는 한국교회를 위한 교육, 전도, 교화에 힘쓰고 있습니다.

만일 당신이 예수 그리스도와 그리스도인의 생활에 대하여 알기를 원하시면 지체 말고 서신 연락을 주십시오. 주 안에서 기쁜 마음으로 도움을 드리겠습니다.

서울시 서초구 방배동 983-2
Tel. (02)586-8761~3

**사단법인 기독교문서선교회**

# 영혼의 폭포수
**Spiritual Torrents**

1992년 09월 25일 초판 발행
2024년 11월 20일 초판 3쇄 발행

지 은 이 | 잔느 귀용
옮 긴 이 | 유평애

펴 낸 곳 | (사)기독교문서선교회
등    록 | 제16-25호(1980.1.18.)
주    소 | 서울특별시 동대문구 천호대로71길 39
전    화 | 02-586-8761~3(본사) 031-942-8761(영업부)
팩    스 | 02-523-0131(본사) 031-942-8763(영업부)
이 메 일 | clckor@gmail.com
홈페이지 | www.clcbook.com
송금계좌 | 기업은행 073-000308-04-020 (사)기독교문서선교회

ISBN 978-89-341-0416-2 (03230)

* 낙장 파본은 교환해 드립니다.